岸田文雄

JN030248

岸田ビジョン

分断から協調へ

講談社+α《プラスアルファ》新書

はじめに

二〇二一年一〇月四日、衆参両院において首班指名を受け、第一〇〇代内閣総理大臣に就任いたしました。

自民党総裁選の期間中に繰り返し述べたとおり、「聞く力」を持つ新しいタイプのリーダーになることを、ここであらためて国民の皆さまにお約束します。国民の生活はコロナウイルスの感染拡大によって大きな痛手を負いました。そこから一日も早く立ち直り、新たな時代に向けて一歩を踏み出すため、全力を尽くす所存です。

国民の皆さまの、厳しい叱咤激励をいただければと思います。

私はいつも、A6判のノートを持ち歩いています。それを人前で広げることはほとんどありませんが、夜、床につく前などにその日お会いした方の話を思い起こして、印象に残った言葉や、それに対する自分の感想を書き留めているのです。ノートのあるページには、このような言葉を書き留めています。

〈批判をどう受け止めるか。批判は貴重なアドバイスである。聞く力＝受け止める力。「飛

ばない男、飛べない男」〈と言われたが、それ〉でいいのか。闘う姿勢を見せ続ける〉

とくに二〇二〇年九月以降は、このノートに書き込むことが増えました。

七年八ヵ月にわたって重職を務めてこられた安倍晋三総理が体調を崩し、辞任する意向を表明されたことによって急遽、行われた自民党総裁選挙に立候補し、結果はかなりの差をつけられての二位でした。

宏池会の五〇人の仲間に支えてもらったにもかかわらず、総裁選挙に勝利できなかったことは、私にとって重い挫折になりました。

「発信力が足りない」「岸田はもう終わった」など厳しい評価も受け、自分のこれまでのありようについて見つめなおし、自分と向き合う時間が長くなりました。

もう一度総裁選挙に挑むべきなのか。

もしやるなら、今度はどんなことを訴えていくのか。

そもそも、なぜ総裁選に出るのか。

自問自答の繰り返しのなかから出てきたのは、ごくシンプルな、ある意味で当たり前の結論です。政治家として、そして人間として、自分自身なにをやりたいのか。どんな仕事に取り組みたいと考えているのか。その原点に立ち戻らなければならない。

さまざまな政治状況があり、総裁選に挑むため目配りが必要なことが多くあったのは事実ですが、それ以前に、自分がこれまで、政治家として努力を積み重ねてきたのはいったい何のためだったのかという掘り下げが、「もう一度挑んでみたい」というエネルギーの源泉になりました。

二〇二一年八月二六日の自民党総裁選挙出馬会見では「民主主義を守るためには、自らが変わっていかなければいけません。自民党が多様性、そして包容力を持つ国民政党でありつづけられるように、党の役員に中堅・若手を大胆に登用し、自民党を若返らせます」と言いました。そのあとに申し上げた、党役員の任期制（一期一年、連続三期まで）の提案が注目を浴びる結果にはなりましたが、私自身は、自民党改革に重点を置いて述べたつもりです。

自民党も変わらなければいけない。そして、自分自身も変わらなければいけないのだ、という決意を込めたのです。

総裁選に敗れてからの一年間、東京や地元だけでなくコロナ禍で許される範囲で多くの地に足を運び、政治について、自民党について、そして私自身に対するご意見を聞いてきました。それをノートに書き留め、頭に刻み、自分自身を変える努力を重ねてきたつもりです。

小さなところでは話し方や、椅子に座って人の話を聞くときの姿勢まで、家族の意見も参考にしながら、一つひとつ改めていきました。

絶えずトップダウンでは国民の心が離れていってしまいますし、絶えずボトムアップではなかなか物ごとを決められません。この二つの使い分けが大事で、私の政治姿勢もそれを理想としています。

私は以前から、「聞く力」を自分の特長として挙げてきました。いまはそれに加えて、国民の皆さんが政治や政治家について知りたいと思うこと、疑問に思っていることに対して丁寧かつ徹底的に説明をし、納得をいただく努力を重ねていきたいと考えています。

新型コロナウイルスの感染拡大は予想をはるかに超えた長期に及び、誰もが人生で一度も経験したことのない危機に恐怖と苛立ち、そして疲れを感じています。もちろん、私自身もその一人です。

どんなに遠い道行きでも、視界の先に出口が見えていれば足が動くものですが、コロナ禍ではそれがまったく見えないことが、国民の不安をいっそう深いものにしています。菅義偉前総理は二〇二一年一月の緊急事態宣言発出時に、「一ヵ月後に必ず事態を改善させるため、全力を尽くす」と発言しましたが、その後緊急事態宣言を何度も延長、再発出したことでトンネルの出口はますます見えにくくなってしまいました。

総裁選でも申し上げた通り、まずは「最悪の想定」をすることから、コロナ対策の全体像を明示し、国民おひとりおひとりが、いま感染状況はどの地点にあって、どれくらい頑張れば出口に届くのか、イメージできるようにすることが非常に大切だと思っています。私は「医療難民ゼロ」「ステイホーム可能な経済政策」「電子的ワクチン接種証明・検査の拡充」「感染症有事対応の抜本的強化」というコロナ対策四本柱を発表しています。この四つの柱それぞれが重要なのですが、それ以上に、コロナ対策の大きな見取り図を全体像として示し、それを丁寧に説明することがより重要だと考えています。

それによって国民の不安感や苛立ちをやわらげ、「出口」を意識することができるようになると考えるからです。

経済政策についても同様です。大胆な金融政策、機動的な財政政策、有効な成長戦略の三つを堅持していきますが、その前提として、「小泉政権以来の新自由主義からの脱却」を掲げています。新しい日本型資本主義の構築を目指しているのです。

これまでは、あまりにも「成長」に重点が置かれすぎていました。一部の企業が成長し、大きな利益をあげれば、そこから従業員や関係会社、そして関連業界にその利益がしたたり落ちていく「トリクルダウン」が起こると言われていました。

しかし、二〇年が経過しても、トリクルダウンは起きなかったと言わざるを得ません。規制緩和によって一部の企業が恩恵を受けたことは確かですが、それによって「富める者」と

「富まざる者」の格差が拡大してしまい、日本社会を支えてきた中間層が地盤沈下するという副作用がありました。また、非正規雇用の方や母子家庭などを中心に生活に困窮する世帯も増えています。

つまり、豊かな人がより豊かになっても、経済はよくならなかったのです。それどころか、置き去りにされた人たちが消費を減らした結果、消費者物価が上がらない状態が長く続き、日本経済の「体温」は低いままに据え置かれてしまっています。

格差拡大は、かつて一億総中流と言われた日本の消費者に大きなダメージを与え、日本経済の体温を下げる事態を招きました。

私は、この新自由主義からの転換を目指します。成長と分配は、車の両輪です。成長し、さらにそれを分配しなければ、好循環は生まれません。

広く非正規雇用者の方や母子家庭に目配りした「分配」を行い、教育費・住宅費支出を支援することによって中間層の復活を支えていきたいと思います。株主や経営者が成長の果実を独占することのないよう、賃上げを行う企業に税制上の支援を行い、利益を従業員の給与に振り向けるよう仕向けます。

新自由主義や株主資本主義が重視されるようになった結果、世界的に労働分配率が下がっています。これを改め、労働者への大胆な分配を企業に促すとともに、医療・介護・保育など公的セクターの現場で働く方たちの所得を増やすよう公的価格についても見直していきます。

私の基本的な考えは、労働者は、消費者でもあるということです。消費者を痛めつけてしまえば、モノが売れず、物価も上がらず、企業収益が落ち込み、ますます給与が下がる悪循環に陥ってしまいます。安倍政権、菅政権でもこの問題を重視し、最低賃金の引き上げに積極的に取り組みましたが、私はさらに強力に中間層、低所得層への分配を進めます。それによって、好循環を生み出すことを狙っています。

外交・安全保障の分野では、私以上に経験豊かな政治家はあまり見当たらないと自負しています。

専任の外務大臣としては戦後最長の四年七ヵ月にわたって務め、一時は防衛大臣も兼務した経験は、政治家として非常に大きな財産となりました。本書でも書いているように、アメリカのケリー国務長官（当時）やロシアのラブロフ外務大臣とは親しく言葉を交わす関係を築いてきました。二〇一六年五月のアメリカ・オバマ大統領（当時）の広島訪問はそうした信頼関係がなければけっして実現しませんでした。

そうした経験から、私は「三つの覚悟」を柱とする外交・安全保障政策を組み立てています。

「民主主義を守り抜く」「我が国の平和と安定を守り抜く」「人類・未来へ貢献し国際社会を主導する」という三つの覚悟の基盤になるのは、もちろん「信頼」です。人権問題への対応はもちろん、民主主義同盟のネットワーク化を図り、日米同盟をさらに発展・深化させ、国際的な枠組みづくりに貢献していきたい。

それには、相互の「信頼」なくしては語れません。そのベースとして、我が国独自の防衛能力を抜本的に強化し、国家安全保障戦略を改訂して外交戦略を根本的に更新していこうと考えています。

北朝鮮による許しがたい非道な犯罪行為である拉致の被害者の皆さんの一日も早い帰国を実現し、特定失踪者の調査を行います。北方領土問題の解決に全力で取り組むのはもちろんのことです。

私の考えるこうした政策は、先ほども述べたように多くの方の意見を聞き、それをノートに書き留め、繰り返し眺めて考え抜くことによって生まれてきたものです。リーダーとしては、さらにそれに加えて国民の心に届く説明が非常に重要であると肝に銘じています。これまでの自民党政権に対して国民が疑念を抱いた問題があれば、それもできる限りの情報公開をして、徹底した説明を行いたい。その愚直な繰り返しでしか、国民の皆さんの信頼を得ることはできないと思うからです。

対話のなかから信頼を築き、リーダーシップを発揮する、私のようなタイプの政治家が、いま求められているのだと信じています。

前述のノートには、次のような言葉も書き留めています。これが私の偽らざる本心です。

〈宏池会の同志ら、支えてくれた方々に感謝。挑み続けること。自分を変える努力を怠らないこと。脱コロナ。格差是正。米中対立への対応。総力結集。知恵を集める。言うべきことを決然と言う。言い方も大事〉

ひとりでも多くの方に、政治家・岸田文雄、人間・岸田文雄の実像を知っていただければ幸いです。

（二〇二一年一〇月）

2021年9月29日、自民党の新総裁に選出された
（共同通信社提供）

岸田ビジョン／目次

はじめに　3

第一章　分断から協調へ

「47歳」の日本　18
新しい資本主義に向けて　20
「バズーカ」の限界　23
地方再生と財政の持続可能性　25
中間層の底上げを！　30
大企業と中小企業・小規模事業者の共存　35
データ駆動社会　38
いまこそ「田園都市構想」　41
令和の時代の農業　44
地方発世界行き　46
国立大学の復活を　48
持続可能性と三つの視点　51
環境問題のリーダー国に　57
個性を生かすワンチーム　58

第二章　ヒロシマから世界へ

賢人会議　64
勝者なき戦争　69
中国と核　71
朝鮮半島有事に備えよ　73
ソフトパワー外交　76
自由・民主主義・人権の尊重・法の支配　81
憲法九条と現実の狭間で　84
韓国の「国民情緒法」　91
広島の一番長い日　94
「フミオが言うなら」　99
黒い雨の記憶　101

第三章　「信頼」に基づく外交

愛犬ベン　108
酒豪の外相　112
対ロ交渉の舞台裏　114
王外相の「能面」が緩んだ瞬間　117
吉田ドクトリンの後継者　121

第四章　人間・岸田文雄

ニューヨークでの出会い　126
行きは五人で帰りは六人　129
開成高校野球部の青春　133
野球から学んだチームプレー　137
東大とは縁がなかった　138
三度目の失敗　141
早大時代の「校外活動」　142
「空飛ぶ棺桶」で出張　146
クリスマスの「プレゼント」　149
仁義なき選挙戦　152
建設省を敵に回した　154
歩いた家の数しか票は出ない　157
自民党の「集金係」に　161

第五章　「正姿勢」の政治

選挙に強い「秘伝のタレ」　168
「一区」で勝ち抜くことの難しさ　170
大連一の高級デパート　172
宮澤喜一さんの金言　176
「野党議員」としてのスタート　181
ビールケースに立ちつづける　184

ピラミッド型選挙は通用しない　187
大逆風　192
たった二人だけの生き残り　195

第六章　闘う宏池会

「お公家集団」の権力闘争　200
「一本釣り」の波紋　203
失言が招いた惨敗　204
「永田町のプリンス」加藤紘一氏　206
固めの盃　210
「あなたは大将なんですから」　213
屈辱のピエロか、悲劇のヒーローか　217
「反乱軍」残党の処遇　220
小泉政権誕生と「加藤の乱」　223
ドライティーニの会　225

第一章

分断から協調へ

「47歳」の日本

二〇二〇年現在、日本の全国民の平均年齢は四七・八歳まで上がっています（国立社会保障・人口問題研究所「日本の将来推計人口」による）。

ちなみにインドの全人口中間年齢は二八・七歳、アメリカは三八・五歳、中国は三八・四歳です。

日本社会全体が「中年期」に差しかかり、いまの生活をこの先一〇年後、二〇年後も維持できるのかという「持続可能性」が関心の中心事となっています。

四七歳という年齢は、社会の中核となり、職場でも私生活でも上の世代と下の世代を繋ぐ立場です。それぞれの世代の人が、他の世代が抱える問題に共感し、痛みを分かち合うこと、心を寄せ合うことで、社会は持続可能となります。

自立した個人が緩やか、かつフラットに連携することで、強い全体が生まれるのです。つまり、ここにも「分断から協調へ」、があるのです。

そのような社会を実現するために、限られた国家資源をどのように配分していけばいいのでしょうか。

たとえば、今後ますます膨らむことが予想されている社会保障費です。今後二〇年で確実に人口が減少していく国は世界六ヵ国に過ぎず、その中でも高齢化率は日本がダントツで高率です。二〇四〇年には介護費用は二・四倍（二〇一八年比＝以下同）になり、医療費は一・七倍、年金支給額は一・三倍と社会保障にかかるお金が激増するという試算が出ています（「2040年を見据えた社会保障の将来見通し」＝内閣府など　による）。

こうしたなかで、世界に冠たる日本の皆年金、皆保険制度を維持していくためには、高齢者であっても、多額の所得があるいわゆる富裕層には、応分の負担をしてもらう必要があると思います。年齢のみをもって区別するのではなく、負担能力に応じて判断する発想が必要ではないでしょうか。

現在は、七五歳以上の後期高齢者の医療費負担は一律で一割ですが、二〇二二年度から一定の所得のある人は二割負担とする見通しです。今後、二割負担の対象になる年収や資産をどのように設定するか、政府・自民党で検討を進めていきます。

また、株の売買、配当、債券、預金の利子などによる収益＝キャピタルゲインにかかる税率は現在、二〇・三一五パーセントですが、この税率の適用範囲見直しについても検討が必要かもしれません。

日本人の所得階層と課税率をみると、一億円を境にして、所得に対する実効税率が下がるという現象が見られます。所得の多い人のほうが金融資産から得る収入が多いため、結果として所得全体に対する税率が低くなっているのです。

アメリカでは、いったん取得した株式を一年以内に手放して利益を得た場合、その利益に対して州税と連邦税をあわせて最高四八・四パーセントの税率で課税されます（ニューヨーク州などの税率）。短期的、投機的な売買で得た利益に対しては厳しく課税するという考え方ですが、たとえばこれを日本でも導入し、短期売買のキャピタルゲインの税率を二〇パーセントから引き上げることにより、そこで得られた税収を、中間層の負担減に充てることで、社会の公平感を取り戻すことなども検討に値します。さらに、四七歳の日本が六〇歳、七〇歳の日本とならないよう、少子化への対応も急務です。安倍政権のもとで進められてきた、支える側に子育て世代を加える「全世代型社会保障制度」の構築をいっそう進め、育児休業制度の拡充、不妊治療への支援強化、児童手当ての拡充など、総合的に取り組まなければなりません。

新しい資本主義に向けて

二〇〇八年のリーマン・ショック後に政権についた旧民主党は、二〇一一年の東日本大震災もあり、非常に厳しい経済運営を強《し》いられました。

一ドル＝七〇円台にまで円高が進み、日本の輸出産業は中国・韓国の攻勢を受けました。

株価は低迷し、デフレの長期化も相まって、日本企業は「六重苦」（円高、法人税率の高止まり、厳しい労働規制、経済協定の遅れ、温室効果ガス排出規制、電力価格の高騰）に苛《さいな》まれていると言われました。大企業にとって、日本に本社を置くことはメリットがないどころか、むしろ足かせになっているとされたのです。

そのため、二〇一二年に自民党が政権に復帰すると、円高不況、デフレからの脱却が大きなテーマとなりました。

安倍総理は「アベノミクス」と総称される政策を掲げ、金融緩和、財政出動、成長戦略＝「三本の矢」をその中身としました。

これによって円安基調が強まり、さらに法人税率の引き下げ、労働規制の緩和、ＦＴＡ、ＴＰＰ（環太平洋パートナーシップ）協定の締結などを次々に進めました。

これが功を奏して、ＧＤＰ（国内総生産）も企業収益も賃金も雇用も目に見えて改善しました。

具体的にいえば、正社員の数は、この七年間で一七〇万人以上増加。高齢者（六五歳以上）の雇用はこの六年で、新たに二二五万人増えました。

安倍政権は、日本の危機を救ったのです。他方で、民主党は「六重苦」の産業界に対してあまりに無策でした。

なぜ、無策になってしまったのか。

ひとつには、「経済財政諮問会議」という大切な場・仕組みを活用しなかったからです。総理と日銀総裁がともに出席し、財政政策と金融政策というマクロ経済運営の両輪を一つのテーブルで議論できる貴重な場を、「自民党政権が作ったものだから」というだけの理由で廃止してしまったのです。この判断が致命的でした。

安倍政権は、その経済財政諮問会議を復活させただけでなく、政府と日銀が「アベノミクス」という経済政策目標を共有することで、さらに政策のパワーを強力なものに引き上げました。

とはいえ、未来永劫、「アベノミクス」でいいのか。

大企業が「儲かる」ようになったのはいいことです。しかし、それだけでは十分とは言えません。「儲かる」ことが、政策の目的ではないのです。その儲けた収益が、取引先、下請け等の関連会社、従業員、地域社会、そして株主など様々な関係者の「幸せ」につながらなければ意味がありません。

私が目指すものは、日本型資本主義の復活です。かつて渋沢栄一翁は「合本主義」を唱え、株主利益の追求にとどまらず、公共を含んだ幅広い関係者への利益還元と幸福を追求する資本主義のあり方を提唱しました。「資本」と「労働」、すなわち「カネ」と「ヒト」、資本主義の二大要素ですが、よりヒトを重視した、人間中心の資本主義を目指していかなければなりません。

アベノミクスが始まった当初、「トリクルダウン」ということが盛んに言われました。まず大企業から先に業績を回復させ、それによって下請けの中小企業や、臨時雇いの非正規の人たちの収入も上がる、という考え方です。しかし、残念ながら、「トリクルダウン」の現象はまだ観察されていないと言わなければなりません。

一部の資産家及び大企業に勤めるビジネスパーソンと、それ以外の人たちとの格差が開き、「勝ち組」「負け組」という言葉も一般的になってしまいました。また、大企業と中小企業、東京と地方の格差も拡大してしまいました。「格差」は新型コロナとの戦いのなかでもより深刻な課題として浮かび上がってきました。

この「格差」という名の分断の解消も、私が取り組みたいと思っている大きな政治テーマの一つです。

「バズーカ」の限界

アベノミクスの大きな柱の一つに「金融政策」があります。日本銀行と連携をとることによって、大幅な金融緩和を実現しました。

まずはそこから見ていきましょう。

二〇一三年に就任した日本銀行の黒田東彦《くろだはるひこ》総裁は、「黒田バズーカ」と呼ばれる、市場の予想をはるかに超えた「異次元の金融緩和」を行ったうえ、物価上昇率の目標値を二パーセントに設定しました。つまり、日本銀行が、「インフレになるまで通貨を出しつづける」と宣言し、将来にわたる金融緩和まで「約束」したのです。

物価上昇率が目標値に到達するまで緩和を続けるわけですから、市場は安心して株や債券を買う「インフレ基調」に乗るものと多くの人が確信していました。

しかしそれでも、物価は思うように上がりませんでした。

ノーベル経済学賞を受賞するような「主流派」の経済学者の多くが、通貨供給量を増やすことで物価を上げることができる、と述べていました。ところが現実には、そうならなかったのです。日銀は「二年以内に物価上昇率二パーセントを達成する」としていましたが、その目標を何度も延期することを余儀なくされ、現在では二パーセントの達成時期を明示できず、「できるだけ早期に」とするほかなくなっています。

それならば、金融緩和を止めればいいという議論もあるかもしれませんが、現在の株式市場や為替市場は、金融緩和をすでに織り込んで取引されています。仮に日銀が現在の金融緩和を止めるか、もしくは金融引き締めに転じる準備をしているとわかれば、すぐに市場が反応して株価が下落に向かうのは明らかです。無防備な政策転換は、大きなリスクを伴います。

いわゆる金融緩和には、伝統的な緩和策と言われる政策金利の引き下げと、非伝統的な手法である「量的緩和」つまり国債や株式、債券の買い入れという、大きく分けて二つの手法があります。

日銀は政策金利をすでにゼロ近辺にまで引き下げ、二〇一六年には当座預金の一部についてマイナス金利を適用するところまで踏み込んでいます。

一方の量的緩和については、毎年八〇兆円もの国債を買いつづけるとしていましたが、すでに市場で購入可能な国債の多くを買いつくし、二〇一八年以降国債買い入れのペースは急減速しています（ただし新型コロナ対策として、二〇二〇年四月の金融政策決定会合でさらなる国債の積極的買い入れを決定しました）。

さて今後、日本の金融政策はどの方向に向かうべきでしょうか。誰が日銀総裁を務めても、きわめて難しい局面です。

地方再生と財政の持続可能性

こうした現状認識に基づいて国内経済を見たとき、金融緩和策の副作用がもっとも如実に表れているのが、金融機関の経営悪化です。とりわけ地方の中小金融機関は、金利と国債の利回りが極端に低下していることによって、非常に厳しい経営環境に追い込まれています。金融庁によると、二〇一八年三月期決算で全国の地域銀行一〇六行のうち、半数以上の五四行が本業赤字でした。今後一〇年、もしくは数年のうちに、多くの地域銀行が単独では存続できなくなり、他行との合併に踏みきったり大手行に吸収されると予測する識者もいます。当然、コロナショックによるダメージも顕在化してくるでしょう。

かつては地銀の支店長や取締役といえば地元の名士でしたが、いまや斜陽産業とみなされ、就職活動をする学生からも敬遠されるなど猛烈な逆風にさらされています。地方の金融は虫の息と言っていいでしょう。

つまりここでも、「しわ寄せ」は地方へと向かっているのです。

地方は、近年相次ぐ自然災害によってもダメージを負っています。私の地元広島市では二〇一四年八月の豪雨災害によって七七人もの犠牲者を出しました。二〇一八年七月にも西日本の広い地域を豪雨が襲い、二〇〇人を超える尊い命が失われました。

令和の時代になっても、二〇一九年一〇月の台風一九号や二〇二〇年七月の豪雨災害が全国に甚大な被害をもたらすなど、日本列島はいまや毎年のように巨大な災害に見舞われています。地方ではそのたびに道路が寸断され、家屋の倒壊や浸水が発生し、鉄道や橋などのインフラにも大きな打撃を受けています。

地方経済と、地方都市をどう救うか――それは次代の政治家にとって最大の課題と言っても過言ではありません。

日本という国が、豊かな自然と先進的な都市の共存する魅力的な国家として今後も世界の羨望の的でありつづけるために、地方の再生なくして未来は語れません。この点は後であらためて述べたいと思います。

金融緩和とともに、もう一つの大きな柱が「財政」です。

日本は毎年、三〇兆円を超える国債を発行して財政赤字を穴埋めしています。さらに新型コロナウイルスの感染拡大に対する経済対策として、一〇〇兆円規模の国債を新たに発行します。

しかし、大規模災害はこれで終わりのはずがありません。今後も様々な災害に襲われることが予想されますが、財政にある程度の余裕がなければ、対策が限定されてしまう恐れがあります。

過去三〇年、つまり平成の時代の財政を見てみると、予算規模が六〇兆円台半ばから一〇〇兆円まで大きくなった中で、歳出として増えた項目は社会保障費だけです。公共事業や教育あるいは科学技術予算に対する歳出がほとんど増えていない一方で、社会保障費は約一二兆円から約三五兆円へと三倍弱に膨れ上がっています。

一方、中国を見てください。一帯一路構想（中国西部から中央アジアを経てヨーロッパに至る陸の経済ベルトと、中国沿岸部から東南アジア、中東、アフリカ東岸に至る海の経済圏の確立を目指す構想）で膨大なインフラ予算を組み、AIや5Gなどの先端技術開発にこれでもかと国費を投入し、月への有人飛行など宇宙開発の予算も増やしつづけています。中国だけではありません。アメリカ、欧州、インド、ASEANなど、世界中が競争力向上にしのぎを削っています。

その状態で、日本だけが「財政にゆとりがないから、指をくわえて見ている」というわけにはいきません。外交力も財政に左右されます。外務大臣時代、外交力強化のため、大使館など在外公館の増設、政府開発援助（ODA）の増額を外務省の事務方に指示しましたが、財政の壁が厚く、麻生太郎財務大臣に直談判して認めてもらったことがあります。しかし、これも麻生さんに外務大臣経験があったから可能になったという面もあります。

やはり、国として「財政」という財布に一定の余裕を持つことが何としても大切です。そのために財政の健全化を志向することが重要だと私は考えています。

といっても、現在の一〇〇兆円を超す歳出を無理に減らすということではありません。社会保障や少子化対策、災害対策など、必要な項目には戦略的・計画的に支出していくのは当然です。

また、感染症対応の組織整備は急務ですし、地球温暖化に伴い激甚化している水害・土砂災害や、今後発生が予想されている首都直下型地震、南海トラフ地震など、大きな脅威への備えにも腰を据えて取り組まなければなりません。

交通・物流インフラの整備も同様です。我が国の国際競争力を高め、産業の生産性を高めるためにも、各都市や主要な空港・港湾を結ぶ全国的な幹線交通ネットワークを完成させるとともに、地方を支える交通ネットワークの充実が急務です。我が国の産業立地は太平洋側に集中していますが、いまや中国・アジアとの貿易が対外交易の大きな部分を占めています。さらに、アメリカ西岸部と結ぶ北米航路が日本海側を通っていることなどを考えると、日本海側の幹線交通ネットワークを重点的に整備し、多核連携型の国土づくりを進めていくことも考えなければなりません。

その一方で、地方を元気づけるプロジェクトも重要です。

街づくりや住まいづくりでは、これまで機能優先の整備がなされてきましたが、ゆとりや住み心地といった質の方向に考え方を転換し、大都市圏の方々も移り住みたいと思うような「人中心の街づくり」、「地域の個性を活かした、自然と調和した街作り」を進めたいと思います。たとえば広島でも、太田川の美しい水辺を活かした街づくりが始まっていますが、水と共存する街＝「水の都」に向けて都市の再生を加速していくことが大事だと思います。

しかしそのうえで、国として財政健全化を目指しているという姿勢を不断に示していかなければ、いつか国内外の投資家に見限られ、日本円や国債が暴落する事態が心配されます。わが国では国民の将来不安が貯蓄率を引き上げて消費が回復しないと言われています。国家としての姿勢、政権としての指針が、「財政健全化」に向かっているということを、内外に示しつづける必要があると私は考えています。

コロナショックによって民間の経済活動が急減速しているなかで財政が役割を果たすのは当然で、そのこと自体は躊躇なく、かつ遅滞なく進めるべきです。しかし、経済が動き出した後は、財政の持続可能性維持のために努力することは次代への責任でもあります。

中間層の底上げを！

ＦＲＢ（アメリカの中央銀行＝連邦準備制度理事会）が二〇一九年九月一八日、政策金利を〇・二五パーセント引き下げると決めました。同年七月に続く追加利下げです。「引き続き進行しているリスクに対しての予防手段である」

FRBのパウエル議長はそう述べ、米中貿易摩擦激化の「保険」と位置づけました。さらにコロナウイルスの感染が予想以上の広がりを見せると、二〇二〇年三月一五日に緊急利下げを行い、政策金利をほぼゼロにまで引き下げました。

FRBはリーマン・ショック後に大規模な金融緩和を行いましたが、経済が回復したあと、二〇一五年一二月にゼロ金利を解除し、九年半ぶりに利上げに踏み出しました。二〇一七年一〇月からは保有資産の縮小を開始し、当初は一九年中にも二回の利上げを見込んでいましたが、利上げを見送る方針に転じました。それでも二〇一五年に一度、利上げをしていたので、金利政策に幅を保てたわけです。ECB（欧州中央銀行）も一度金融引き締めをしています。

日本は二〇一六年以来マイナス金利のままなので、これ以上さらにマイナス幅を大きくできる余地も現実的にはありません。それをやると地方銀行がもう持ちません。

新型コロナウイルスの感染拡大が世界、そして日本経済にどの程度の打撃をもたらすかまだ見通せませんが、仮に今後、大きな経済危機に直面したとき、どんな手を打つことができるのか。

アベノミクスの二本の矢、「大胆な金融緩和」と「機動的な財政政策」で時間を稼いでいる間に、しっかり経済の生産性を上げて、足腰を強固にしていくほかありません。そのためにも、アベノミクスの三本目の矢である「成長戦略」をさらに推し進めていくことが重要です。

では、成長戦略を加速させるために、何が必要か。キーワードは、中間層・中小企業、データ・デジタル化、地方・地域、そしてイノベーション・研究開発です。まずは、中間層と、中小企業についてお話しします。

アベノミクスによって不動産や株など資産価格が上がり、富裕層には恩恵がありましたが、中間層は「景気の改善を感じない」という人が多いようです。

収入が増えないため、「モノを買いたい」、「消費したい」という意欲が弱く、物価の上昇にストップをかけています。異次元の金融緩和をしても物価が上がらないのは、なにかもっと根本的な原因があるに違いありません。

この中間層の問題は世界的にも大きな議論となっています。一般に、中間層にとって大きな負担となっているのが、教育と住宅だと言われています。安倍政権においても、消費税率引き上げによって得た税収の使途を大胆に転換して、幼児教育・保育の無償化や高等教育の支援充実にあてています。これをさらに推し進めることが大切ではないでしょうか。特に高校・大学・大学院などの高等教育については、奨学金制度の拡充など、一段の後押しが必要と考えています。その際、オーストラリア等の諸外国の制度も参考になります。安定した収入を持たない学生が、災害や世界的不況など様々な外的要因に左右されず学業を継続でき、中間所得層の学生も含めた十分な支援を可能にする「所得連動型授業料返還方式」などの仕組みです。

今回、新型コロナウイルス対策として、学生のアルバイト収入減対策や授業料減免に対する支援なども積極的に行いました。新型コロナウイルスの感染拡大によって若い世代が教育や就職の面で不利になったり、長期的な影響が出ることのないように、ひきつづき十分な目配りをしていく必要があると思います。

他方、住宅については、引き続き住宅ローン減税が政策の柱として大切ですが、あわせて世界で広く行われている家賃補助や住宅手当などについて検討していく必要があると思います。

そして、私が気になるのは、多くの企業でここのところベースアップが行われていないことです。単年度で大きな黒字を出しても、従業員にベースアップで報いようとせず、ボーナスの増額に留めている企業が多いようです。働き手の気持ちになれば、今年よりも来年、来年よりもその翌年と、毎年賃金が上がっていく実感は大切です。収入がアップするとわかれば、消費への意欲も出てきます。

ベースアップを実施した企業への税制面での優遇など、政府として中間層に報いる施策を考えていきたいと思っています。あわせて、後述する中小企業の生産性向上を図るうえでも、最低賃金の引き上げに取り組んでいかなければなりません。

中間層の支援で、大切な視点であるにもかかわらず忘れられがちなのが再教育です。世界ではAＩが加速度的に発達し、今後多くの仕事がAＩに代替され不要になると指摘されています。その多くが、現在中間層によって担われている仕事です。したがって、現時点から中間層を中心にリカレント教育（いったん就労した人に対する再教育）を行っていくことが不可欠です。我が国の人材育成、ひいては経済全体の生産性向上にも直結する重要課題です。

我が国では、学びは大学生、つまり二〇代前半までで終了するという感覚が強すぎるように思います。むしろ、本当の学びは社会に出てからなのに、二〇代そこそこまでに学んだことで一生食べていくような感覚があります。

諸外国はどうでしょうか。

二〇二〇年一月に、自民党の経済成長戦略本部としてデンマークに視察団を派遣しました。デンマークでは、民間・政府双方で職業教育・訓練が活発に行われ、経済の生産性が維持されています。

デンマークは人口六〇〇万人弱の国ですが、より大きな経済規模の国ではイギリスが好事例となります。イギリスでは、強制的に企業に賦課金を課して、その資金で積極的に人材投資を行っています。伝統的に、我が国の企業はＯＪＴ（職場での職業訓練）を基本としており、人材への投資が少ないと言われています。今後はデンマークやイギリスを参考に、我が国も人材への投資を積極的にしていかなければなりません。

大企業と中小企業・小規模事業者の共存

日本経済の財産である中小企業・小規模事業者への取り組みについて話をしましょう。中小企業・小規模事業者への対策を打ち出していくことが成長戦略の一丁目一番地と言えます。将来への不安を取り除く政策を打ち出し、生産性向上に努めたいと考えます。

二〇一九年春、中小企業庁長官を政調会長室に呼び、「中小企業、小規模事業者には利益や資本が適切に配分され、豊かになってきているか」と問いかけ、私の提案で、中小企業・小規模事業者の利益や付加価値、労働や資本の分配状況を業界や会社の規模ごとに「見える化」することを自民党の成長戦略２０１９に盛り込みました。

日本経済を支える自動車業界を例にとると、トヨタやホンダ、日産といった大手自動車メーカーを下請け、孫請け、ひ孫請け、さらにその下請けと、何重にも中小企業・小規模事業者が支えています。大手自動車メーカーの利益や売り上げ、資本や労働は、この取引関係全体、サプライチェーン全体のなかで生み出されているのです。

では、全体として生み出されたその利益の配分はどうなっているのか、取引関係のなかで適切・公平に分配されているのか、これを業界ごと、個社ごとに見える化する、そして問題があるところは改善してもらう――それが私の提案です。

こうした提案を受けて、政府では、中小企業庁が中心になって具体的な作業に取り組んでいます。二〇一九年末には「賢人会議」を設置し、大企業と中小企業・小規模事業者の「共存共栄モデルの構築」を政府として掲げるところまできました。こうした取り組みもまた、「分断から協調へ」の重要な要素です。

他方で、こうしたサプライチェーンのなかに入らない中小企業・小規模事業者も多数あります。たとえば、地域の造り酒屋や旅館、さらには伝統芸能を維持するお店など、地域経済を牽引する会社です。商店街の肉屋さん、豆腐屋さん、八百屋さんなど、地域の暮らしを支える小規模事業者もあります。こうした事業者をどうやって守っていくかが決定的に重要です。その拠り所の一つとなってきたのが商工会や商工会議所ですが、それがともに疲弊してしまっています。

かつては、商工会や商工会議所の事業費・人件費に対して国から補助が出ていましたが、二〇〇六年の三位一体改革によって現在は都道府県に財源が移譲されています。もう一度、国が前面に出て支えるときが来ていると私は感じています。

ここまで述べてきたことは、中小企業にもしっかり分配するための施策ですが、さらに重要なのは中小企業自体の稼ぐ力、生産性を磨くことです。

大企業については、二〇一五年からコーポレートガバナンス・コードが採用されました。企業経営に独立性や戦略性、さらには透明性を求め、それによって、稼ぐ力を高める攻めのガバナンスを目指すことが明確になっています。

中小企業の場合、所有と経営が必ずしも明確に分離されておらず、大企業と同様の仕組みは取りづらい面がありますが、コーポレートガバナンス・コードの考え方を中小企業にも活用することは可能なはずです。

つまり、「中小企業版コーポレートガバナンス・コード」を考えていくということです。海外展開型、サプライチェーン型、地域サービス型等、それぞれの業種に応じて経営上注意すべき点を、税理士、信用金庫・信用組合など金融機関の融資担当の方、社会保険労務士さんといった中小企業をサポートする関係者の皆さんが共有し、目配りし、実践していくという発想です。

こうした取り組みは、中小企業をめぐるもう一つの大きな課題である事業承継にも有効で、その促進にもプラスに働きます。

事業承継について政府は、二〇一八年に法人事業者の、二〇一九年には個人事業主の事業承継税制の改定に取り組んでいますが、スムーズな世代交代のためには、金融機関が先代と後継者の双方から個人保証を「二重取り」する慣行が障害になることがあります。このため政府は、二重取りを原則禁止する指針を二〇一九年内に策定しています。所有と経営の関係を見える化することは、この点からも有効なのです。

データ駆動社会

「二一世紀の石油」「第四次産業革命の最大の資源」と呼ばれるビッグデータを活用できる環境の整備は、必須の課題であり、成長戦略の第二の大きな柱です。

今後、SDGs＝持続可能な開発目標が企業経営の基本となることを踏まえると、電気やガス、水道などといった社会インフラも、データを利活用しながらより効率的に運用しなければなりません。

IoT（モノのインターネット接続）を活用して得られるビッグデータをAIで解析し、電気を効率的に送電したり、ムダの少ないエネルギー利用が可能となります。日本が世界に先駆けてその「見本国家」となることで、システムの輸出など、新たな商機も生まれるはずです。

現時点ではデータの活用というと、グーグル、アップル、フェイスブック、アマゾンのいわゆるＧＡＦＡが先行していますが、日本には、他の国にはない物作りのデータや超高齢化社会における医療・介護データなどのリアル・データが溢れています。これを活用しない手はありません。

その前提となるインフラ整備、Ｗｉ－Ｆｉや５Ｇの普及、光ファイバー網の整備は必須です。

一方で収集したデータの管理には、厳しい制限と基準作りが求められます。二〇一九年に「リクナビ」の運営会社が就活生のデータを無断で企業に売却していたことで厚生労働省の行政指導を受けましたが、データの管理に対する認識の甘さは、今後、企業の命取りになる可能性があります。

もちろん、行政の側も同様です。

データの目的外使用や、不注意な流出があった場合、厳しい社会的批判と制裁は免れません。

中国は国主導で強制的にデータを収集し、それによって産業育成を図っていますが、日本では同じ方法は到底採用できません。

データの利用には大きな可能性と未来がありますが、同時に、データを守るための備え、サイバーテロに対する防御も不可欠です。その準備がなければ、ビッグデータを扱う資格はないと言っていいでしょう。

データの利活用を戦略的かつ安全に行っていくために、たとえば、「データ庁」などの専門機関の設置を検討してもよいのではないでしょうか。

そのうえで、「ビッグデータ」×「先端技術」×「α」の三つ目の要素の「α」にあてはまるものとして「教育」、「防災」、「医療」、「社会インフラ」などを掛け合わせていくことが、成長戦略の大きな柱になります。

たとえば、「ビッグデータ」×「先端技術」×「教育」＝リモート授業、「ビッグデータ」×「先端技術」×「防災」＝スマホ等を利用した防災警報の発出、「ビッグデータ」×「先端技術」×「医療」＝遠隔診断・遠隔治療、「ビッグデータ」×「先端技術」×「社会インフラ」＝ドローンによる宅配、「ビッグデータ」×「先端技術」×「移動」＝自動運転などです。

次世代技術は産業を一変させ、社会のあり方まで変えていく力があります。政治家としてはまず法整備や環境整備を行い、イノベーションが起こりやすい土壌を作ることに注力できればと思います。遠隔医療や市街地でのドローン利用、自動運転にはいまのところ、様々な規制がありますが、イノベーションの進展に対応して、これを適宜見直していく必要があります。

とりわけ地方ではバスやトラック運転手の不足、人手不足は深刻な問題で、自動運転が普及すれば、そうした社会的な課題を解決する可能性を秘めています。高齢者が安全に移動しやすくなるメリットもあります。新技術の活用によって地方の弱点を緩和することができます。そして、それが、次に述べる成長戦略の第三の柱である地方・地域、「田園都市構想」につながっていきます。

イノベーションを起こすのはスティーブ・ジョブズのような「異能」だと言われますが、縦割り、たこつぼ型の組織からはそうした人材はなかなか生まれないものです。多様性を受け入れる横断型、フラット型の組織・社会が、「異能」をはぐくむ土壌となるのです。

いまこそ「田園都市構想」

次に成長戦略の三つ目のキーワードである地方・地域について、すなわち日本という国のありようについて述べたいと思います。

宏池会の中興の祖である大平正芳元総理は、「田園都市構想」を提唱されました。田中角栄元総理が日本列島改造計画で「国主導」の「国土の均衡ある発展」を掲げたのに対し、大平元総理は「地方の時代」の到来を視野に、「地域の自主性と個性を活かしつつ、均衡のとれた多彩な国土を形成する」ことを主張されました。全国総合開発計画のような従来の開発志向の計画ではなく、これから日本が進むべき方向を理念として示しています。

私はいまこそ、この「田園都市構想」を継承し、具体化していかなければならないと考えています。それが宏池会会長の私の使命でもあります。

「田園都市構想」は、都市に田園のゆとりを、田園に都市の活力をもたらし、両者の活発な交流により地域社会と世界とを結ぶ国づくりを目指すものです。地域の個性を活かし、みずみずしい国民生活を築いていくことを目標としており、大都市における過密の解消や生活環境の改善、都市もふるさと社会と感じることができる「住みよいまち」に変えていこうという考えで、現在強く求められている「分断から協調へ」、「集中から分散へ」、「東京一極集中是正」といった方向性とも合致しています。

この構想は、四〇年以上たったいまもまったく色あせることなく、より今日的な国づくり、地域づくりの道標《みちしるべ》となるものです。

しかし、大平元総理の急逝により、この構想は具体的な戦略として実施するまでには至らず、構想自体の存在感が薄れてきてしまっているのはとても残念なことだと思っています。私が「田園都市構想」を継承し、それを実現する、そう決意しています。

なお、かつての構想では今日のような急速なIT化やデジタル化、地球温暖化による気候変動などを想定しておらず、そうした課題を克服していくために必要になるのが「デジタル田園都市構想」なのです。

ITが急速に発展したことで地方と都市の距離感は一気に縮まりましたし、情報の格差も小さくなり、各地方・地域は世界と直につながることができるようになりました。ASEANをはじめとするアジア諸国が急速に経済成長したことで需要も大きくなっています。

さらに、環境問題が国際的に大きなテーマになってきたことで、地方の豊かな自然がそのまま魅力と捉えられる時代になっています。地域のなかで自然エネルギーを循環させることで、地方発の発展が可能になっているのです。

多様性に溢れた地方・地域が内外にその魅力を発信しながら、デジタル基盤を通じてほかの地域や都市部と繋がっていく、「デジタル田園都市構想」によって、そんな新たな国土形成を目指していきたいと思います（注1）。その際、必要なインフラとして、高速大容量のインターネット（ブロードバンド）をユニバーサルサービスに指定し、全国であまねく提供していくことも考えなければなりません。また、スマートフォンの保有率も一〇〇パーセントに近づけ、各地域にデジタル支援員を配置してデジタル田園都市への「入り口」をつくっていく必要があります。感染症への対応、あるいは頻発する災害への対応でも、防災無線の配備ももちろん大切ですが、国民に確実に情報を届けるにはむしろ、全国民にスマートフォンを持っていただくことが有効です。

令和の時代の農業

そして、地方の活力を考えるなかであらためて再認識すべきなのは、農林水産業の役割の大きさです。

農林水産業は、我が国の基幹産業の一つというだけでなく、地域を維持し、国土を保全するというきわめて重要な社会的役割を担っています。地域の緑と潤いを守り、お祭りなど地域の伝統を守り、また地域社会の絆も守ってくれているのが農林水産業であり、そこで汗を流している皆さんです。地方のそんな魅力が都市と繋がることによって、日本全体が一体感をもって発展することができるのです。

農業については、従来から以下の二つの考え方があり、どちらを重視するかの議論が交わされてきました。

①農業は産業であり、農業生産活動により、農産物の生産だけではなく、農地や環境の維持、地域文化やコミュニティの維持に貢献している。儲からなくなっているのは国際環境の変化のためなので、農業に対し経済合理性を求めるべきではなく、支援もそ

の観点から行うべき（さらには、食料安全保障の観点からも経済合理性を過度に求めるべきではない、等々）。

②農業は産業の一部であるので、産業として育成すべき。そのためには、競争力のある経営体を育てることが大切で、コスト削減などによる体質強化や経営の安定を図っていく。農業の行われる場である農村については、農業が産業として成長すれば活性化される。

①と②どちらが正しいということではなく、要はバランスです。実際の政策も①と②の混合型となっています。

ただ、いまの安倍政権のもとでは②の政策（農業の成長産業化）に重きを置いた政策が行われているとされています。このバランスについては、国際環境の変化も見すえながら、適切なのかを考えつづけなければなりません。

また、多様性や選択可能性を用意することも、農業に意欲のある人や若者を惹きつける大切な観点ではないでしょうか。

そのうえで、思いきった「スマート農業」化を進めることにより、経験だけに頼るのではなく、ＩＴ技術やデータに裏付けられた、効率性の高い、意欲ある若者が参入しやすい農業を実現していきたいと思います。

地方発世界行き

「よそ者、若者、ばか者」

地域を大きく変革する人のことをそう評します。

よそ者は、外部から第三者として客観的なものの見方ができます。

若者は、しがらみなくチャレンジできます。

ばか者は、誰も考えなかった発想と信念を持ち、打ち込めます。

全国で「町おこし」「村おこし」に成功した土地にはこの人材がいる、と分析されています。

一方で地方では経営や技術におけるプロフェッショナルな人材が求められています。都会の大企業に勤める人材を、地方で求められる職種にマッチングすることで地域活性にも繋げられるのではないでしょうか。その際、兼業・副業などより柔軟な働き方や、選択の余地を作ることが下支えになると思います。

こうした人材や企業のマッチングや交流を、地域全体で進めるのも有効だと思います。一例をあげると福井県は、宇宙産業を新たな産業活性化の柱とし、二〇二〇年に超小型人工衛星の打ち上げを目指しています。県内企業が自治体と共同で人工衛星の打ち上げを目指す全国初の取り組みです。

地方活性化の方法は他にも様々あると思います。

たとえば中国をはじめ、香港やシンガポールでは日本の野菜が人気になっています。シンガポールに至ってはこれまで野菜を生で食べる習慣はなかったのですが、最近になって日本の生野菜の美味しさが認知されつつあります。我が国の地域社会を支えている農林水産業に新たな市場が口を開けて待っている。ワクワクするじゃないですか。

生産性向上というと、コスト削減を中心に考えがちです。

売値が一〇〇〇円の商品で、いままで七〇〇円かかっていた原価を四〇〇円で作れるようになれば、付加価値（粗利益）が三〇〇円から六〇〇円に増え、生産性は二倍になります。

しかし、よく考えてみれば、いままで一〇〇〇円で売っていたものを一三〇〇円で売れるようになれば、コストは七〇〇円のままでも生産性は二倍になります（三〇〇円→六〇〇円）。海外への展開はまさにこの価格を取りにいくことに繋がります。

日本が国内だけでマーケットを考えていたら先細りは避けられません。

スタートアップ企業を誘致するため、自治体によっては外国人材の在留資格不要制度を活用したり、賃料の補助など様々な取り組みをしています。私はこうした取り組みを横展開していくべきと考えます。

国立大学の復活を

第四のキーワードであるイノベーション・研究開発についても、お話ししたいと思います。

我が国はなぜ、経済大国として成長することができたのか。それは、「技術革新で人類の未来を切り開こう」と、官民を問わず多くの研究者が研究開発に汗を流したからです。

二〇世紀が大量生産・大量消費の時代だったとすると、二一世紀は知の集積・集約がより価値を生む時代です。ところが、その基盤となる研究開発の環境はきわめて脆弱なものとなりつつあります。

たとえば、世界的に有名な科学雑誌『Ｎａｔｕｒｅ』に掲載された主要国の論文数を見ると、中国が急速にそのシェアを高めているのは想定の範囲内としても、イギリスやドイツもかなり伸びています。その一方で、我が国の研究者の論文シェアは落ちる一方なのです。

詳しくその内容を見てみると、とくに落ち込みが激しいのが、国立大学の研究者による論文の数です。

日本の国立大学は、現在「国立大学法人」という組織形態（独立行政法人）になっています。より長期的で独創的そして自由な発想と運営を取り入れ、知の集積地としての大学を活性化しようとして始まった制度です。

しかし、独立行政法人化されて以降も、運営費交付金が年々削られていく一方、公募型の競争的資金は増えましたが、当初の思惑とは異なり、寄付金や企業からの投資など、大学の独自の創意工夫による資金調達や運用は期待されたほど軌道に乗っていないようです。

その原因の一つとして、財政運営や資産運用等における制限が依然として多いということがあります。

独法化されて以降も、ガバナンスの強化や、大学経営の透明性を高めることが必要とされていると思いますが、それに加えて所有する不動産の活用や金融資産の運用、民間企業との協調など、より自由度を増す改革が求められているのではないでしょうか。ノーベル医学・生理学賞を受賞した本庶《ほんじょ》佑《たすく》先生が課題として提起されているように、知的財産権や特許権の管理などをしっかりと行う体制の構築も急務です。

しかも、法人化の際、各大学は資産とあわせて多額の負債も背負わされています。その結果、一例をあげれば大学病院における医療の現場でも歪みが出ています。

いま大学医学部では、大学の財政運営が厳しくなっているなかで、（病院の経営方針にもよりますが）優秀な医師たちに十分な給料を出すことができず、外（民間病院）で稼いできてもらわなければならない、という実態があります。一方多くの民間病院では、大学医学部所属の医師たちを曜日、時間限定で多数受け入れ、多額の報酬を払っています。受け入れる側の民間病院は大学病院のブランドによって医療の質の高さをアピールすることができる一方、それによって集まった患者の治療の最終責任を負うのはそこに常駐する医師たちですから、そうした医師の負担が質・量とも過重になるというマイナス面があります。このため、診療報酬面での検討も必要かもしれません。

また、大学院拡充などの「重点化」が進められた結果、博士号取得者の数が大幅に増えましたが、受け皿となる大学や企業の受け入れ態勢が整わず、博士課程を修了した任期付き研究員＝いわゆるポスドクの処遇が問題になっています。さらに、海外への留学者数が減少し、国際共同研究のネットワークにおける日本のウェートが低下しつつあるとも言われています。

本当にこれでいいのでしょうか。よいわけがありません。官民連携して、十分な資金を確保する必要があります（注2）。

次代を担う若い研究者が能力に見合ったポストを獲得し、活躍の場を得て才能を開花させることができるようにし、それによって日本の活力を引き出していかなければなりません。

社会の基盤は人間の知です。幸い、我が国は二一世紀に入ってから一八名ものノーベル賞受賞者（米国籍の方を含む）を出すなどまだまだ分厚い知の集積があります。これをこれからも守り、受け継いでいく、心を新たにしています。

持続可能性と三つの視点

以上、金融政策、財政政策、成長戦略について考えてきましたが、これらを一体的に運営するうえで、長期的視点を持つことと持続可能性の追求が特に重要です。

長期的視点や持続可能性に欠ける政策は、人々に不安を生じさせます。不安を感じれば、経済活動はその分停滞を余儀なくされます。かつての日本には「全国総合開発計画」を筆頭に各種の長期計画が存在しました。教育や科学技術の世界も同様です。ところが、いつからか政策のサイクルが短くなってしまったように感じます。

財政の単年度主義の影響が強いのかもしれませんし、長期的なコミットメントが政策や財政運営の硬直化を招くと考えられているのかもしれません。しかし、財政も含め、信頼に足る長期的な計画や指針がなければ、投資や消費の活性化はありません。

財政については先ほど述べましたので、社会保障とエネルギーについて、触れたいと思います。

これまでの社会保障は、若者が高齢者を支えるモデルでした。経済が右肩上がりで成長し、人口も増えていた時代にはこれでよかったかもしれませんが、出生率が低下し、経済成長が鈍化して成熟国家になった我が国においては、若者が高齢者を一方的に支えるというだけでは現在のレベルの社会保障は持続可能ではありません。

若者か高齢者かといった二項対立的な区分ではなく、全員で全員を支え合う社会保障への転換が不可欠です。支えられる側に子育て世帯も加え、他方で、支える意思と能力のある高齢者の方々には支え手に回っていただく。

六五歳になったら自動的に支えられる側に回るのではなくて、働く意欲と能力がある方には支え手側に回っていただく。「全世代型社会保障制度」の構築に向けて、引き続き取り組んでいきます。

その際、三つの視点が大切だと考えています。

一つ目は制度の縦割りを可能な限り排することです。たとえば年金ですが、基本的には、自営業者、会社員、専業主婦という区分に基づいて縦割りで制度が作られてきました。しかし、働き方や暮らし方が多様化したことで、この三つのくくりだけでは十分に実態を捉えきれなくなってきています。むしろ、制度はできる限り横に共通化したほうがよい時代に入っているのです。年金でいえば、そろそろ、国民年金と厚生年金について財政を一元化する、あるいは財政を調整することを考える時期に来ています。

二つ目は、民間活力の導入です。

再び年金で言えば、iDeCoなど個人型の確定拠出年金、NISA（少額投資非課税制度）などによって公的年金を補完するとともに、老後の資産づくりを支援しています。医療でも同様の補完関係があってもいいのではないでしょうか。現在、高齢化に伴って増加する医療費について、高齢化による自然増の範囲内に抑制するという議論を我々はしています。しかし、医療費を抑制したら、日進月歩で進化する医療、つまり医療の高度化に十分に対応できなくなる恐れもあります。また、新型コロナのような甚大な危機が発生した場合、医療インフラが持ちこたえられなくなるような事態はなんとしても避けなければなりません。であれば、この部分は民間保険にもう少し積極的に手伝ってもらうということも考えていいのではないでしょうか。もちろん、低所得者への配慮等は必要ですし、民間保険は疾病リスクに応じた保険料設定をせざるを得ない特性がありますから、その点にも目配りが必要です。

たとえば、公的医療保険の被保険者が団体として民間保険に加入することや、その際政府が保険料を補助するといったことも考えていいかもしれません。

加えて、健診、健康増進など民間の様々なヘルスケアサービスについて、一定の認証制度を設けることなどで「質の見える化」を進めることです。こうしたヘルスケアサービスは、高齢化と長寿化によって今後ますます需要が高まり、キラーコンテンツ産業となる可能性を秘めています。政府としても、そうしたサービスの安全性を担保する必要があると思っています。

そして、三つ目に重要なのが、地域や利用者の視点です。いつでもどこでも、住み慣れた地域で、必要な医療や介護、保育、障害者福祉などの社会保障サービスが受けられるのが理想です。しかし、医療や介護の現場では深刻な人手不足が問題となり、職員の皆さんは書類作成や清掃など、資格職でなくてもできる間接業務に忙殺されています。地方では、採算性の低い病院の統廃合も進んでいます。

こうした問題にどう対処するか。

処遇改善や外国人材の活用はもちろん、ICT（情報通信技術）化やAIの活用、事務職員の配置などに取り組む必要があります。新型コロナウイルスの治療現場でも、病院の支援要請を集約するEMIS《イーミス》というシステムが機能せず、厚労省は新たなシステムを立ち上げました。阪神・淡路大震災を契機につくられたEMISが災害対応を主に考えられていたためのようですが、現場の声によく耳を傾け、実効性あるシステムを作ることが求められます。さらに、優良な紹介事業者の評価制度や、人材派遣会社の紹介手数料の適正化なども必要でしょう。せっかく採用した人材が短期間で退職したり、職場を渡り歩いたりするケースもあるようです。こうした事態にも、なんらかの対策が必要です。

そして、エネルギー政策です。エネルギー政策ほどリアリティーが求められる分野はありません。大原則とされているのが「3E＋S」です。安全性（Safety）を大前提にしながら、安定供給（Energy Security）と経済効率性（Economic Efficiency）、そして環境への適合性（Environment）を同時に達成していく。

東日本大震災の経験を踏まえれば、安全性が何よりも優先されます。そのうえで、資源に乏しい日本がこれからも産業の国際競争力を維持するためには、安定供給と経済効率性も重視しなければなりません。加えて、地球温暖化への対応もあります。実に複雑な方程式を解かなければならないのです。

すでに、二〇一八年七月に発表した第五次エネルギー基本計画で、この3E＋Sを踏まえながら、最適なエネルギーミックスの目標を設定しています。そこでは、二〇三〇年時点で目標とする電源構成比率を、再生可能エネルギー二二〜二四パーセント、原子力発電二〇〜二二パーセント、石油、石炭、天然ガスなどの化石燃料五六パーセントとしています。また、エネルギー消費効率を三五パーセント改善するとしています。

政府は、安定供給と環境への適合性の視点から、原発を「重要なベースロード電源」と位置付けていますが、将来的には、洋上風力、地熱、太陽光など再生可能エネルギーを主力電源化し、原発への依存度は下げていくべきだというのが私の考えです。

再生可能エネルギーは天候などによって発電量を左右されるのが泣きどころですが、これを安定化させることができれば、環境問題の改善に繋がるのはもちろんのこと、エネルギー自給率の向上にも繋がり、エネルギー安全保障にも資することになります。再生可能エネルギーを推進することによって、エネルギーの地産地消、地域分散を進めていければと思います。

この再生可能エネルギーについては、先般の法律改正により電力の固定価格買い取り制度（FIT制度）から「FIP制度（feed in premium）」へ移行することになっています。

FIT制度では、あらかじめ決められた価格で電力会社が買い取る義務を負っていましたが、FIP制度では、発電事業者は電気を市場で売ることになります。それによって、再生可能エネルギーの売価が上がり、経済効率性の向上が期待できます。

日本政府は二〇一九年六月、「パリ協定に基づく成長戦略としての長期戦略」を閣議決定しており、二〇五〇年までに二酸化炭素のネット排出量（総排出量と総吸収量を合算した量）をゼロにする方針を決定しています。

環境問題のリーダー国に

エネルギー問題と表裏の関係にあるのが環境問題です。持続可能な社会を作るため、環境問題への積極的な取り組みは欠かせません。また、二〇年に一度、三〇年に一度という災害が毎年のように発生する背景にも、地球温暖化の問題があります。災害に強い国づくりとともに、その根本原因である温暖化への対応が不可欠です（注3）。

ESG投資という言葉を最近よく耳にします。環境（Environment）、社会（Social）、企業統治（Governance）の英語の頭文字を合わせた言葉です。従来の投資は売上高や利益など財務指標を重視したのに対し、ESG投資は環境、社会、企業統治を重視する発想なのです。環境では地球温暖化対策や生物多様性の保護活動、社会では人権への対応や地域貢献活動、企業統治では法令遵守、社外取締役の選任、情報開示など、それらを重視する企業に積極的に投資を行おうという考え方です。

製薬会社のエーザイは熱帯病の治療薬を新興国に無償で提供しています。社会貢献であると同時に、新興国の生活水準が上がれば新たな市場の開拓にもなり、長期の経営戦略にも繋がっていきます。

日本はリーダー国のひとつとして、脱炭素化、海洋プラスチックゴミ対策、地球温暖化などの国際的な議論を後押ししていく必要があります。より積極的に国際社会に貢献するために求められるのは、技術革新と国民の暮らしの改革です。我が国が世界に示すことができるのは、長年にわたって培ってきた高い環境技術であり、また自然と調和し、自然を大切にする生活モデルではないでしょうか。

再生可能エネルギーを導入するうえでボトルネックになるのは調整力ですが、蓄電技術や水素技術、ＣＣＵＳなど二酸化炭素の回収・貯蔵・利用の技術、窒化ガリウムなど環境負荷の少ない新素材の開発などで、日本は世界に貢献できるはずです。この分野での研究開発費用も、国としてしっかり増額していく必要があります。

もう一つが人々の暮らしの中での工夫です。マイバッグへの移行や食品ロスへの対応など小さいことでも一億人が協力すれば大きな力になります。小さい話ですが、自民党の党本部にある喫茶店も、最近、プラスチック製のストローの使用を止めました。

個性を生かすワンチーム

二〇一九年、日本で開催されたラグビー・ワールドカップで大活躍した日本代表は、一二ヵ国ものルーツを持つ選手たちが「ワンチーム」となり、強豪国を破ってベスト8に進出しました。

身長一六六センチの田中史朗《たなかふみあき》選手から、身長一九六センチ、流暢な関西弁を操るトンプソンルーク選手（ニュージーランド出身）まで、それぞれのポジションで自分の役割を十二分に果たしていました。体格だけでなく、個性もバラバラで、稲垣啓太《いながきけいた》選手のように「笑わない男」もいれば、ひたすら涙を流す感激屋の田中選手、日本の古武士を思わせるキャプテン、リーチマイケル選手ら全員が生き生きと輝いて見えました。

なかには、日本語が満足に話せない選手もいて、チーム内で意思の疎通を図ることも簡単ではなかったはずです。ワンチームどころか、出身の地域ごとに分断されてしまってもおかしくないような集団でした。それが、多様な「個」がそれぞれ最適の場所を与えられることによって、強い「全体」が生まれていたのです。私はそのことに、強く惹かれました。

大会後、NHKのインタビュー番組に登場した中村亮土《なかむらりょうと》選手は、「あんなにキツい練習に、まったく手を抜かずに取り組む外国人選手の様子を見ていたら、自然と尊敬の気持ちがわいてきた」とコメントしています。

日本社会も同じです。自営業者も、会社員も、働くお母さんも、主婦も、障害のある人も、LGBT（性的少数者）の人も、必ず社会に居場所や役割はあるはずです。

個人の役割を明確にすることで能力を最大限に発揮できる、まさに「一億総クリエイティブ社会」、多様性を受け入れる環境をつくり、国全体が協調し、強くなるという発想の大転換をすべきときではないでしょうか。

経済・社会を最終的に支えるのは「人」です。多様な個性を持った人が活力をもってそれぞれの役割や能力を発揮することが経済・社会に元気を与えます。

たとえば、女性の社会進出は、明らかに日本の生産性や活力向上に繋がってきました。先日も、工芸を教えるある高等学校の先生から、「最近は男性よりも女性の志望者が多く、工芸の世界に新たな発想や視点をもたらしてくれている」というお話を伺い、嬉しくなりました。女性の活躍をさらにいっそう後押しする必要があると感じます。また、兼業・副業、フリーランスといった働き方の多様化にも柔軟に対応していく必要があります。

多様性というとバラバラ感を覚える方もおられるかもしれませんが、私は逆だと思っています。多様性を認めるからこそ、自分と異なる個性を排除しない、自分と異なる人も仲間として大切にする、そんな一体感のある社会が構築できるのです。

多様性の尊重は、「分断から協調へ」の根本です。

私が会長を務める宏池会は、歴史的にこうした多様性を尊重しながら、「軽武装、経済重視」を志向してきました。現実を直視し、現実に合わせて経済政策も変えていく、徹底した現実主義に基づく政策判断こそ、宏池会の理念です。

宏池会の伝統を受け継ぎながら、いま、国民にとって何が必要か――それを考えぬいていきます。

p43　注1　都市への人口集中・密集によって、さまざまな脆弱性がもたらされることが指摘されており、デジタル田園都市構想の必要性・重要性がいっそう明確になっている。

p50　注2　新型コロナウイルス対応においても、世界各国がビッグデータの収集・解析にしのぎを削っている。自民党の令和二年度経済成長戦略では、一〇兆円規模の研究開発ファンドの創設を提言している。

p57　注3　コロナ後の国際社会において、最大の関心事は地球温暖化問題へと移っている。そのなかで、日本のリーダーシップがますます問われている。

第二章　ヒロシマから世界へ

賢人会議

前章で述べた経済の面だけでなく、外交においても、「分断から協調へ」、「対立から協力へ」の精神を大切にし、国際社会を分断から協調へと先導する国を目指さなければなりません。

広島出身者として、私がライフワークとしている「核軍縮」もまさに、この「分断から協調へ」、「対立から協力へ」が求められる分野です。「核なき世界」の実現のために政治人生を捧げたいと考えています。

それには、我が国の安全保障が今後も盤石であることが大前提となります。我が国は、大国として成長してきている中国とアメリカの間に位置する地政学的な条件にあって、そこからけっして逃れることはできません。自主自立の揺るぎない立場を維持していなければ、国際社会においていかなる指導力も発揮できません。

その根幹は強固な日米同盟であり、それに加えて価値観を共有する国々との連携です。国際社会における自由、人権、民主主義、法の支配といった価値観を確固たるものとして守り抜き、情報の流出や不正利用を防止してデータや情報の国家独占を排し、重要な技術やテクノロジーを保護することで強固で強靱なサプライチェーンを築くなど、経済安全保障体

核軍縮の実質的な進展のための賢人会議・第一回広島会合（2017年11月）

制の構築が急務です。同時に経済インテリジェンス能力の強化、国際機関におけるプレゼンスを強め、ルール形成を主導することなどに取り組んでいかなければなりません。そしてその先に、「分断から協調」、「対立から協力」を達成したいと考えています（注1）。

二〇一七年八月、外務大臣を退任しましたが、同年春に「核軍縮の実質的な進展のための賢人会議」を提案しました。

賢人会議とは、外務省主催で、日本に加えて、アメリカ、ロシア、中国など核保有国、ドイツやオーストラリアなどの非保有中道国、エジプト、ニュージーランドなど核兵器禁止条約を推進する国から計一〇ヵ国、一七人の委員で構成します。

私がこの会の設立を提案したのは、二〇一七年に国連で採択された核兵器禁止条約をめぐって、核兵器保有国と非核兵器保有国とが鋭く対立し、同じテーブルにつくことさえ難しくなっている現実があったからです。

とくに核保有国、非核保有国双方に参加してもらうことを重視しました。非核保有国の中でも核兵器禁止条約を強く支持しているニュージーランドなどに参加してもらい、一方で核の傘にいるドイツ、日本も参加。核兵器禁止条約派も核兵器不拡散条約（NPT）派も参加しています。

立場の違いを乗り越えて同じテーブルにつき、それぞれが納得できる回答を会議で出してもらおうという狙いがありました。

賢人会議の一回目は被爆地の広島（二〇一七年一一月）で、三回目は長崎（二〇一八年一一月）でそれぞれ開催し、メンバーが被爆の実相に触れました。二〇一九年七月までに、すでに五回開催されています。

広島での一回目の会議には河野太郎外相（当時）が国会との兼ね合いで参加できなかったため、発案者として私が参加し、こう挨拶しました。

「それぞれの立場があるでしょう。けれども核兵器廃絶のために、立場を超えて知恵を出し合おうではないですか」

「核保有国と非核保有国が『核兵器のない世界』の実現に向けた具体的な道筋を議論してほしい」

会議では、核の保有や使用をめぐり、核抑止など自衛目的なら許容されるのか、不必要な苦痛を与える兵器の使用を禁じた国際人道法と整合するのか、保有国と非保有国の間で議論が続きました。

核を持っていない国がいかに理想論を語ろうとも、現に保有する国々が行動してくれなければ現実は変わりません。

日本は唯一の被爆国でありながら、韓国やドイツ、カナダと同じくアメリカの核の傘の下にいる国でもあり、非常に複雑な立ち位置です。しかしながら、最多保有国のアメリカには同盟国として核兵器廃絶を訴え、アメリカを巻き込みながら「核兵器のない世界」実現のための現実的な道筋を探ることは可能だと考えています。

二〇二〇年、「核兵器不拡散条約（NPT）再検討会議」が開催される予定でした。五年に一度開催され、条約に加盟する一九一ヵ国・地域が核軍縮について意見交換する重要な会議でしたが、新型コロナウイルスの感染拡大により延期されました。

そもそもNPTは、一九六八年に国連で採択されました。

アメリカと旧ソ連の間で冷戦が続き、核軍備が増強され、また一九六〇年代から中国も核兵器を保有するようになり、「これ以上の核兵器の拡散を防ぐべき」という議論が国際的に広がったことで、アメリカ、旧ソ連、イギリス、フランス、中国の核保有国に核軍縮を義務付け、持たない国には、核の平和利用の権利を認めたのです。

前回、二〇一五年の会議では、非保有国は核兵器の非人道性に触れ、核兵器禁止条約を多くの国が支持していることを合意文書に盛り込むように主張しました。一方の保有国は「世界の厳しい安全保障情勢を考慮していない」との主張を譲らず、結局合意文書を採択できないまま閉会しました。今後、日本は各国の対立の間に入って影響力を示すことができるかが問われています。

勝者なき戦争

「核なき世界」へ向けた歩みは、いま、困難に満ちています。

一九八五年、アメリカのレーガン大統領とソ連のゴルバチョフ書記長のジュネーブ首脳会談共同声明には「核戦争に勝者はいない。従って戦ってはならない」という言葉が盛り込まれていました。それを受けて一九八七年に調印されたINF（中距離核戦力）全廃条約では、射程が五〇〇キロから五五〇〇キロの中距離核戦力を全面的に禁止しましたが、これは核兵器の全面破棄をはじめて掲げた画期的な条約でした。

その後、第一次戦略兵器削減条約（START1）、START2と続き、両国の議会での抵抗があったのですが、ICBM（大陸間弾道ミサイル）の核弾頭が半減されるなど核軍縮が進んでいました。

新START（新戦略兵器削減条約）とINF全廃条約によって、一時は七万発を超えていた核弾頭を一万五〇〇〇発まで減らし、核軍縮が進みかけていましたが、ここへきて、その流れが逆転しつつあります。

アメリカのトランプ大統領は二〇一七年、就任直後のインタビューで「世界から核が消えたら夢のようだが、他国が核兵器を保有するなら、わが国はその中でいちばんになる」と発言しました。

トランプ大統領は二〇一八年にＩＮＦ全廃条約の破棄を表明し、二〇一九年八月二日に条約が失効しました。これにより、今後は新たな核兵器開発に突入する恐れもあります。のちに触れるように、二〇二〇年一月、米軍がイランのソレイマニ司令官を殺害したことで、イランは即座にイラクの米軍基地にミサイルを撃ち込むなど反撃したうえ、核燃料であるウランの濃縮を「無制限に」行うと発表しました。

また、トランプ大統領と金正恩《キムジョンウン》委員長の話し合いが暗礁に乗り上げるなかで、北朝鮮も新たな核兵器開発に国運を懸けるような事態になっています。

トランプ大統領は北朝鮮に非核化を求め、イランに対しても核開発の停止を要求していますが、両国が耳を貸すことはないでしょう。

二〇一四年三月のロシアによるクリミア併合では、プーチン大統領が「核兵器を準備していた」という衝撃的な発言もしています。今後、アメリカ、ロシア両国が再び核開発競争に踏み込む可能性さえ否定できません。

さらに、イランによる核開発の再開を警戒するイスラエルが核保有を誇示するなど、核抑止力という思想が復権しています。

中国と核

核軍縮のもう一つの鍵となる国が中国です。

二〇一〇年、日本とオーストラリアの両政府主導で立ち上げた「NPDI（軍縮・不拡散イニシアティブ）」の枠組みがあります。これには、非核保有国一二ヵ国が参加し、「核兵器の役割の低減」や「段階的な核軍縮」を主張し、核保有国との対話の促進や透明性の向上を目指しています。

NPDIはこの方針に従って、核保有国に対し現在保有している核弾頭の数を明らかにするよう要請しています。

これに対し、アメリカ、ロシアの両超大国は、ある程度誠実な回答を寄せてくれました。保有する核弾頭の数が二〇〇〜三〇〇発と少ないイギリス、フランスも可能な限りの回答をくれていますが、中国だけが実質ゼロ回答でした。INF全廃条約に縛られない中国は中距離ミサイル開発も加速させており、軍備増強にひた走っています。

前述の賢人会議にも、中国は参加していません。

発案者の私としては、民間人の枠組みなら中国も参加しやすいのではないかと考えたのですが、民間と政府の線引きがあいまいなお国柄ではそうもいかないのかもしれません。しかし、いまや世界の大国となった中国が、核の分野でも相応の責任を果たすべきであることは論を俟ちません。

日本としては核の廃絶を強く訴え、保有国と非保有国の対立の間に入って、一歩でも核軍縮を前に進めることがこれまで以上に重要です。まずは、核保有国と非保有国とを同じテーブルにつかせなければなりません。核保有国に対してはひ弱な理想論だけでなく、現実を乗り越えられる具体的な働きかけを考えなければなりません。そのため、私は二〇一七年五月、ウィーンで開催されたNPT運用検討会議準備会合で演説し、日本の考える「核兵器なき世界」へのシナリオを明らかにしました。

〈このように核兵器国・非核兵器国の間の信頼関係を再構築しつつ、CTBT（包括的核実験禁止条約）の早期発効やFMCT（核兵器用核分裂性物質生産禁止条約）の早期交渉開始を実現し、核兵器の質的・量的向上の制限をかけ、国際的に信頼できる検証体制の構築に向け努力を傾注しつつ、核兵器の数を着実に減らしていく。こうして、極めて低い数まで削減された「最小限ポイント」に達した段階で、核兵器のない世界の達成及び維持のための法的枠組みを導入することにより、核兵器のない世界という目標にたどり着く、これが日本の考える核兵器のない世界への道筋です。核兵器禁止条約を現下の状況で持ち出して、核兵器国と非核兵器国の対立を一層深刻化させるのではなく、このアプローチこそが現実的で実践的な核兵器のない世界への近道だと確信します。核兵器を廃絶する法的枠組みを持ち出すタイミングを間違えてはなりません。

ＮＰＴは、こうしたアプローチの基礎となる我々の共通項であり、核軍縮を推進する重要な手段であるといえます。故に、日本は引き続きその普遍化を求めていきます〉（二〇一七年五月二日、ウィーンにおける二〇二〇年ＮＰＴ運用検討会議第一回準備委員会での発言より抜粋）

「核兵器なき世界」

私はこの理想を掲げつづけます。そのためには、四年七ヵ月の外相経験と、その間に培った人間関係をフルに生かしていきたいと考えています。

朝鮮半島有事に備えよ

核の危機という観点で見たとき、アジアでもっとも脅威となる存在が北朝鮮です。

シンガポール、ベトナム、板門店で行われた米朝の首脳会談が暗礁に乗り上げ、北朝鮮が着々と核兵器と弾道ミサイル開発を進めているいま、日本は北朝鮮との直接交渉と同時に、韓国との関係再構築を意識せざるを得ません。

しかし、その韓国との関係は国交断絶が現実味を持って語られるほどの緊張が続いています。見方によっては、一九六五年の国交正常化以降、もっとも深刻な状況と言えます。

私は外務大臣として何度も朴槿恵《パククネ》政権時代の韓国との厳しい交渉の席についた経験があります。

二〇一五年一二月二八日の慰安婦問題日韓合意で「最終的かつ不可逆的に解決されることを確認する」に至るまでタフな交渉が続きました。その他、二〇一五年、ユネスコの世界文化遺産に登録された軍艦島をはじめとする「明治日本の産業革命遺産」をめぐって、韓国政府は「朝鮮半島出身者が強制徴用された」と両国にくすぶる歴史問題を持ち出して世界文化遺産登録撤回を求めてきたこともあります。

交渉相手として厄介な相手というイメージは絶えずありました。二〇一五年の時点でも相手が日本だと「絶対に引くな」という韓国世論の圧力がありますし、日本でも韓国相手の交渉では弱腰が許されない状況で、冷静に話し合える環境ではありませんでした。

それでも二〇一五年当時は両国の関係を安定させることが互いの国益に繋がる、という思いは共有できていました。だからこそ二〇一五年一二月二八日、慰安婦問題日韓合意もできたと言えます。

慰安婦問題日韓合意とは、韓国政府が設立する元慰安婦を支援するための財団に日本政府が一〇億円を拠出し、今後、両国政府は国際場裡において、この問題に関し、互いに非難し

慰安婦問題の「最終的かつ不可逆的」な解決を発表（2015年12月）

ないと約束しました。他方、韓国政府は日本大使館前の少女像について「適切に解決されるよう努力する」とし、日韓政府は慰安婦問題の「最終的かつ不可逆的」な解決を確認する内容で、両国の政府同士で合意したわけです。アメリカをはじめ、世界の多くの国がこの合意を高く評価しました。

それを文在寅《ムンジェイン》政権が「前の政権が決めたこと」と空文化しようとしているわけですが、国と国との約束は守られなければなりません。

日本と韓国の間で年間八七〇万人の観光客が行き来し、韓国に三万九〇〇〇人の在留邦人が暮らしています。

もし仮に朝鮮半島で有事となれば日本政府は韓国に観光で訪れた日本人も含めた五万人近くの生命を守らなければなりません。アメリカ軍の力にも頼ることになると思いますが、日韓関係がこれ以上悪化してしまえば、有事に日本国民を助け出すことも難しくなります。北朝鮮有事を考えるうえで韓国との関係は重要です。この点については後述します。

ソフトパワー外交

核軍縮そして平和構築の文脈で「分断から協調へ」について述べてきました。

アジアの東の外れに位置する日本という国は、多くの国と「等距離外交」を展開することが可能です。日本のパスポートは国際的にも信頼が厚く、ビザなしで渡航できる国・地域は一九一にのおよび、これは世界一です。

日本は力に頼る外交は望めませんが、地政学的な特性を生かして、アジアとヨーロッパ、中東とアメリカなど各国・各地域を繋ぐ「橋（ブリッジ）」となりうる、大きな潜在力があるように感じています。

日本は奈良、平安の昔から多くの渡来人を受け入れ、その技術や文化を受容することによって発展してきました。一説には、日本全体の人口が五〇〇万人前後という時代に、数十万人の渡来人が日本に定住し新たな文化をつくっていたというのです。

その意味で日本人のDNAにはそもそも国際的な多様性を受け入れる素地があると言えますし、多様性こそが社会に活力をもたらすのも自明のことです。

日本は今後、世界の「仲介役」「架け橋」となることで再活性化し、同時に、国際社会で存在感や発言力を確保していくべきです。

その我が国が、国際社会においてリーダーシップを発揮できる、発揮しなければならない分野は核軍縮以外にも多々あります。それは、環境、保健、ＳＤＧｓといった地球規模の課題への挑戦です。環境、ＳＤＧｓについては前章で触れましたから、ここでは保健について触れたいと思います。

日本では、いつでも誰もが公平に、支払い可能な費用で保健医療サービスにアクセスすることができる、いわゆるＵＨＣ（ユニバーサル・ヘルス・カバレッジ）を実現している稀有な国です。

我が国が世界第一位の長寿大国となったのも、国民皆保険に基づいた「いつでも、誰でも、どこでも」の保健医療体制を築いたからにほかなりません。

しかし、日本では当たり前のように実現している「ＵＨＣ」が、世界では決して当たり前になっていません。その結果、毎年六〇〇万人以上の方々が予防可能な病気によって尊い命を落としているのです。この「ＵＨＣ」を世界に広めていくことも、日本の大きな国際貢献の一つです。

ＵＨＣは、感染症対策にも有効です。新型コロナウイルスは世界的に大流行し、多くの感染者と死亡者を出しましたが、こうした感染症に対する耐性がもっとも低いのは、高齢者や乳幼児、慢性的な持病を抱える人など、弱い立場の人々であることを忘れてはいけません。

三大感染症と言われ人々に様々な障害をもたらしているのが、結核、マラリア、ＨＩＶです。毎年二五〇万人もの命を奪ってきました。

我が国は早くから、この感染症の広がりについて世界規模で問題提起しています。二〇〇〇年七月のＧ８九州・沖縄サミットで主要議題として取り上げているのです。

「人間の安全保障」の考え方は、我が国の国際貢献にあたっての原理・原則的な理念ですが、二〇一五年、私が外務大臣として取り組んだＯＤＡ大綱の改定においても、この考えを基本に据えました。

「人間の安全保障」は人間一人ひとりの健康をしっかりと保護していくことで、自ら課題解決し、それぞれの能力を最大限発揮できるように支援していくことを目的にしています。その意味で、保健医療サービスへのアクセスは不可欠です。ＵＨＣは、「人間の安全保障」の理念からも、非常に重要なのです。

同じく私が外務大臣時代の二〇一五年九月に、「二〇三〇年までに達成すべき目標」として「持続可能な開発目標＝ＳＤＧｓ」が国連で合意されました。「人間の安全保障」の考え方は、「誰一人取り残さない」というＳＤＧｓの理念のベースになるものでもあります。

もちろん、ＳＤＧｓが掲げる一七目標・一六九ターゲットの達成にも、我が国として全力をあげていかなければなりません。

北極、宇宙、サイバー空間など、いまだ国際ルールが未形成・不十分な分野（ニューフロンティア）での議論を主導し、ルールメーカーとしての役割を果たすことも、我が国の存在感を示すうえで大きな意味があります。安倍総理のイニシアチブによってデータ流通・利用の国際ルール作りを目指すＤＦＦＴ（Ｄａｔａ　Ｆｒｅｅ　Ｆｌｏｗ　ｗｉｔｈ　Ｔｒｕｓｔ）も、その大きな試金石と言えます。

地球規模の課題に我が国が貢献するにあたって、私が特に重視しているのが、日本の高い科学技術の知見を活用することです。

私がはじめて就いた大臣ポストは科学技術政策担当相でしたので、それも理由のひとつですが、同時に、科学的な根拠やデータに基づいた冷静沈着な交渉が有効だと実感しているからです。外交交渉の場面では、時として感情が先行することがありますが、それだけでは互いに折り合いをつけられず、落としどころを見失ってしまう恐れがあります。

外務大臣在任中の二〇一五年九月、初代の外務大臣科学技術顧問として、東京大学名誉教授の岸輝雄先生にご就任いただきました。

アメリカやイギリス、さらにはニュージーランド政府も科学技術顧問を置き、科学的・技術的なアドバイスを政策形成や政策実行に反映させています。外務大臣科学技術顧問を結節点に、こうした各国と連携をとり、地球規模、人類共通の課題解決に我が国も大きな貢献ができると確信しています。

以上、述べてきたことは、私が外務大臣時代から掲げてきた「ソフトパワー外交」の根幹をなすものでもあります。

私が考えるソフトパワー外交にはいくつかの柱があります。

第一に、マンガやアニメ、さらにはダンスといった日本が誇る文化芸術の活用です。私も、「ジョジョの奇妙な冒険」から、「鬼滅の刃」まで、アニメを愛する世界中のファンの一人です。もちろん、私の地元である広島が誇る世界遺産「宮島」のような歴史遺産、歌舞伎や能などの伝統文化もあります。

第二に、我が国が作り上げてきた世界に冠たる社会制度の伝搬です。先ほど述べた国民皆保険、医療はその一つですし、交番や郵便の制度もその一例です。第三に、国民生活を向上させる科学技術の推進。そして、四つ目の重要な柱が、次に述べる自由・民主・法の支配といった基本的価値観の擁護です。

自由・民主主義・人権の尊重・法の支配

国際社会で地球規模の課題や人類共通の課題の解決に重要な役割を果たしていくためには、我が国自身の平和と安全が強固に守られていなければなりません。

その要は、何と言っても日米安全保障体制です。

今年（二〇二〇年）は日米安保条約改定六〇年の節目の年にあたりますが、時代の現実の要請に即し、我が国の外交・安全保障の根幹として、日米安保体制をバージョンアップしていく必要があります。

日米安保条約の締結に大きな役割を果たしたのが吉田茂元総理、そしてその改定に尽力されたのが安倍総理の祖父にあたる岸信介元総理です。

日米安全保障体制の構築に尽力され、我が国発展の礎を作った先人の叡智に、いまを生きる私たちは、あらためて敬意を払うべきだと思っています。

日米関係の根幹にあるのは、自由・民主主義・人権の尊重・法の支配という共通の価値観です。私が一政治家としてこうした本を自由に書くことができるのも、表現の自由、言論の自由があってのことです。日本にいるとそれが当たり前のことのように思ってしまいますが、外務大臣を四年七ヵ月務めて痛感したのは、自由・民主主義・人権の尊重・法の支配が世界では「当たり前でない」という現実です（注2）。

実際、私たちの隣国には、アメリカと肩を並べる二一世紀の超大国となりつつある中国がありますが、中国は自由・民主主義・人権の尊重・法の支配が必ずしも貫徹しない国です。

しかし、共産党一党独裁を掲げるその中国であっても、自由・民主主義・人権の尊重・法の支配という人類共通の理念を真正面から否定することはできません。国際会議で人権という言葉を持ち出すと中国の高官は顔をしかめるでしょうが、人権を無視していい、とはさすがに口にしません。

もちろん、それぞれの国の政治体制はそれぞれの国民が選ぶもので、外国からとやかく言うべきものではありませんが、我が国は、自由・民主主義・人権の尊重・法の支配という普遍的価値が国際社会でしっかりと守られていくよう全力を挙げていくべきだと思います。私の考える外交の原理原則はそこにあります。

我が国と基本的な価値観を共通にするという点で、アメリカとともに大切なパートナーとなるのはヨーロッパ諸国や、G7諸国などです。たとえば、TPPは環太平洋諸国を対象とした貿易協定ですが、地域の枠を飛び越えてEUをTPPに呼び込むということも、自由・民主主義・人権の尊重・法の支配という普遍的価値を支えていくうえで有効かもしれません。

特に、イギリスは二〇二〇年一月にEUから離脱しましたが、我が国とは価値観を共有するのみならず、ともに海洋国家であり、太平洋と大西洋におけるアメリカの強固な同盟国でもあります。さらに、今後人口が中国を超えるとも言われ、高い技術力と人材力を持ち、民主主義の価値を共有するインドは、重要なパートナーとすべき国です。

その一方で、今後、国際社会で日本がその存在感を示そうとするならば、アメリカにもある程度、率直に物を言うことも大切です。トランプ大統領が奇想天外な発言をしたとき、「自由や民主主義、自由貿易、法の支配に反している」と強く言えるか。その前提としては、トランプ大統領が自身の支持層に向けたパフォーマンスをしているのか、アメリカ政府が全体として日本に対して本気で言っているのかをよく見きわめることです。

安倍総理は、共通の趣味であるゴルフを通じて大統領と強い信頼関係を構築し、あの不確定要素の多いトランプ氏を巧みにコントロールしてきたとも言えます。

ただがむしゃらにアメリカに反対を口にするだけでは孤立してしまいます。首脳外交と外交当局の「車の両輪」を意識しながら、アメリカの真意を探っていくことです。

アメリカとの適切な距離感が、今後の日本外交のひとつの課題になると考えています。

憲法九条と現実の狭間で

二〇一五年の国会において、私は、外務大臣として二〇〇時間を超える国会での集中質疑に答弁者として臨みました。そうです、限定的な集団的自衛権を認めた平和安全法制の審議です。

アジアでは中国が東シナ海や南シナ海で一方的、挑発的そして膨張的な行動を活発化させています。我が国固有の領土である尖閣諸島周辺でも中国の公船が圧力を加え、中国の空軍機が頻繁に領空に接近しています。

北朝鮮は、国際社会からの再三にわたる警告、制裁にもかかわらず、弾道ミサイルの発射

平和安全法制の国会審議に臨む（2015年9月）

を繰り返し、核開発をエスカレートさせています。また、イスラム系過激派組織によるテロ行為も世界各地で続発しています。こうした環境で、いかにして我が国の平和と安全を守り、国際平和に貢献していくか、また、限定的な集団的自衛権はどの範囲まで認められるのか、憲法九条との関係が大きな議論となったのです。

歴代の政権は、憲法制定以来憲法九条と安全保障への備えを両立させるために、試行錯誤を繰り返してきました。こうした議論に、宏池会会長である私が外務大臣として加わったのも偶然ではないように思います。

宏池会は、憲法九条の平和主義を大切にしながら、他方で、我が国をめぐる厳しい国際社会の状況のなかで国民の命や暮らしをどう守っていくか、憲法九条と現実の狭間を埋めることに汗をかき、努力してきた政策集団です。

一九九二年六月、国会でPKO（国連平和維持活動）法が議論されたとき、議論の先頭に立ったのは当時の宮澤喜一総理大臣、宏池会会長でした。

宮澤総理は「世界平和秩序への貢献」を掲げ、また、大平正芳元総理は軍事のみならず経済・エネルギー・食料・防災などを含めた「総合安全保障」という概念を構築し、大平内閣に続く鈴木善幸内閣において、九大臣による総合安全保障関係閣僚会議が設置されるに至ったのです。

宏池会が輩出した総理大臣はいずれも、憲法と現実の折り合いをどうつけていくかに苦労を重ねられてきたのです。

私は、先人たちが努力してきたように、これからも憲法、そして憲法九条の平和主義を大切にしながら、厳しい国際環境のなかで国民の命や暮らしをどう守っていくか、この現実的な議論の先頭に立つ覚悟でいます。守るべきは、日本国と日本国民の平和と安全であり、国際社会の平和です。断固として取り組んでいきます。

自民党は現在、党是である現行憲法の改正に向けて、九条に自衛隊を明記すること、など四項のたたき台素案を示しています。

一九五四年に創設された自衛隊は、その前身である警察予備隊時代を含めればすでに七〇年にわたって国民の間に根付いています。最近では災害派遣などの活動を通じ、自衛隊に対する国民の信頼も高まっています。

にもかかわらず、依然として、少なくない数の憲法学者が自衛隊を違憲の存在としていますし、義務教育の教科書にも違憲の可能性があることが記載されています。

本当にこれでいいのか――私はそうは思いません。国民の判断を仰ぐときが来ているのではないでしょうか。

また、自民党は、この「自衛隊の明記」のほかに、三つの項目を「憲法改正についてのたたき台素案」として提案しています。

①選挙における一票の平等について

東京への人口集中が進むなかで、憲法に一票の平等において、人口割という物差ししかなければ、地方の議員定数はどんどん削減されてしまう。地域の繋がりを重視し、一票の平等を考える際の物差しとすることによって県を合区するような選挙区を解消すべきではないか。

②教育の充実について

子どもの貧困が社会問題化し、所得の格差との負のスパイラルが始まっていると指摘されるなかで、憲法には「義務教育の無償化」しか書かれていない。子どもにはその経済的環境にかかわらず、教育を受ける機会を与えるような規定を憲法に盛り込むべきではないか。

③緊急事態対応について

我が国の憲法には、大きな災害の発生時などの緊急事態への対応について明文はない。「災害の時代」と言われる現代において、首都直下型地震や感染症拡大（パンデミック）等の大きな災害時を想定して、国民の代表たる国会の機能維持について、ほかの国々のように規定しておく必要はないか。

私は、地方政調会等の場を活用して全国各地で、憲法について国民の皆さんと対話をする機会を持ってきましたが、自民党が「たたき台素案」として提案した右のような議論に対して予想以上に多くの方々が関心を示しています。

「憲法改正って、こういう議論だったんですか」とか、「自民党はこんなことを考えていたんですか。はじめて知りました」など、幅広い反応があります。

私は、こうした議論を通じて、憲法に関する幅広い理解や改正の議論を拡げていくことに、大きな手応えを感じています。

憲法は国の基本を定めるものであり、施行以来七三年、日本をとりまく環境も大きく変化しました。この大きな変化のなかで、憲法はどうあるべきかを絶えず考えつづける姿勢が大事であると考えています。

日米同盟を基軸にしながらも、他方で我が国は独自外交を堅持することも忘れてはなりません。

たとえば対イラン外交です。

二〇二〇年一月、アメリカがイラン革命防衛隊のソレイマニ司令官の乗る車両を空爆し、殺害したという一報を耳にした際は、文字通り背筋が凍り付きました。アメリカがイランとの核合意から離脱し、イランに経済制裁などの圧力をかけている状況で、いよいよ軍事的衝突にエスカレートしてしまうのではないか。幸い、本書執筆の段階ではアメリカ、イラン双方がこれ以上の衝突を避けるため自制していることは評価できます。

我が国はイランとも歴史的に友好関係を結んできた経緯から、安倍総理がイランの首脳と会談を繰り返すなど独自の外交を展開しています。実は私は、イラン日本友好議員連盟の会長も務めていますので、こうした政府の取り組みを側面からしっかりとサポートしていきたいと思っています。

米中関係も同様です。

アメリカと中国は、貿易収支の不均衡をめぐって交渉が折り合わず、互いに関税をかけあう報復合戦に発展しました。新型コロナウイルスの感染拡大問題を通じて、米中の対立はいっそう先鋭化しています。

しかし、貿易以上にアメリカが神経をとがらせているのが、最先端技術に基づく安全保障の問題です。AI、5G、宇宙といった分野で米中はこれからもぶつかりあっていきます。ここでも、日本はアメリカとともに中国を牽制しつつ、他方で、一衣帯水の隣国として独自の対中外交を展開しなければいけません。

ひとつの考え方として、我が国はＲＣＥＰ（東アジア地域包括的経済連携）やＴＰＰ（環太平洋パートナーシップ）協定といった枠組みを主導することで中国を含めた大きな輪をつくり、そこに時間をかけてアメリカを巻き込んでいく、というくらいの大きな時間軸で考えるほうがいいのかもしれません。

北方領土問題を抱えるロシアとの間も同様です。

四年七ヵ月にわたって外務大臣を務めた人間として、日米同盟と、日本の独自性を発揮した外交という二つの命題＝車の両輪に、今後ともしっかり関わっていきたいと思います。

韓国の「国民情緒法」

先述した韓国との関係についても、再度触れておきたいと思います。

いま、文政権は支持率維持のために世論受けする反日に活路を見出そうとしているように見えます。側近の曺国《チョグク》氏の実子の進学をめぐる疑惑、不動産政策の失敗などで支持率が落ちていく現状では、国民の目を逸らすために日本バッシングを止めたくても止められないわけです。

さらに文政権は朴槿恵政権時代を支えていた人たちに苛烈な対応をしています。朴槿恵前大統領をはじめ、政権を支えた元幹部一二〇名が刑務所に放り込まれているのです。駐日大使だった李丙琪《イビョンギ》さんも特定犯罪加重処罰法違反などの罪で懲役三年六ヵ月の実刑判決を受け、刑務所の中です。私の印象では優秀で穏やかな良い人でした。その苛烈な運命に言葉を失います。

韓国では民主化以来、保守と革新が非難合戦を繰り広げています。文政権はかなり極端な政策に振れているので、もし保守政権と政権交代となったら、前政権幹部への対応がブーメランとして文政権に跳ね返ってくるのは火を見るより明らかです。文政権にとって支持率は死活問題で、もし保守派が実権を握れば、今度は自分が禁錮刑を言い渡される恐怖があるからです。

韓国の大統領は政権交代で、ほとんど検察によって立件され禁錮数十年の長期刑を言い渡されています。盧武鉉《ノムヒョン》元大統領のように、自ら命を断つ悲劇もありました。

しかし、国内の政治環境がいくら苛烈だとしても、日韓両国の国際的な合意を国内事情で変えられたら、信頼関係は保てません。昔から、韓国には見えない法律がある、と言われ、国民の世論が時として最上位となります。我々はそれを「国民情緒法」と呼んでいます。

外務大臣時代、ジョン・ケリー国務長官をはじめ、アメリカの高官に日韓関係を説明する機会が幾度かありました。両国にくすぶる歴史問題にも触れ、「韓国は独自の主張をしてくるだろう。しかし日本はこう解釈している」とその都度、話してきました。「あの国には目に見えない国民情緒法があるのです」という説明をすると、アメリカ高官も腑に落ちたようです。

二〇一五年に慰安婦問題も両国で「最終的かつ不可逆的な解決」で合意をしています。今度こそ合意の「ゴールポスト」を動かされないよう、アメリカをはじめ三十数ヵ国に「合意を高く評価する」と表明してもらい、「裏付け」としました。韓国には三十数ヵ国が高く評価したことを重く受け止めてもらわなければなりません。国と国の国際的約束ほど重いものはなく、韓国が取る態度には、率直に言って腹が立ちます。それでも、北朝鮮と対峙する際、韓国の協力抜きに日本単独での行動はあり得ません。

幸い、二〇一九年一一月二二日、あと数時間で失効という土壇場で、ＧＳＯＭＩＡ（軍事情報包括保護協定）は維持されました。韓国も、日本との協力なしに軍事バランスを保つことは難しいと理解しています。たとえアメリカの強いプレッシャーがあったにせよ、最終的には韓国独自の判断でＧＳＯＭＩＡ維持を決めたのです。

我が国としては、原理原則は決して曲げずに、日本の最終的な国益のために「折り合っていく」ことが外交のあり様の基本であると思います。

広島の一番長い日

外相としての経験から、外交とは多面的な仕事であることは知り尽くしているつもりですが、この章冒頭で述べたように、私にとってもっとも大事な譲れないポイントはやはり核軍縮です。

二〇一六年五月二七日、広島市内の気温は午後五時を過ぎても二五度を超え、瀬戸内海から湿り気を帯びた風が吹き抜けてきました。広島特有の湿った暑さに慣れない方々は額の汗を何度も拭っていました。

午後五時二五分、濃紺のスーツ姿のバラク・オバマ大統領が黒い専用車から姿を現しました。大統領は伊勢志摩サミット終了後、エアフォースワンで岩国米軍基地へ到着すると、広島ヘリポートまでヘリコプターに乗り、広島入りしたのです。安倍総理も自衛隊機とヘリコプターを乗り継いで広島入りし、私を含む外務省チームは東京から新幹線、自動車と陸路で広島に向かい、お二人の到着を待ちました。

オバマ大統領が平和記念公園に姿を現すと、会場は水を打ったように静まりかえった。

広島平和記念資料館に向かったオバマ大統領は自ら折ってきた折り鶴二羽を子どもたちに手渡し、

「私たちは戦争の苦しみを経験しました。共に、平和を広め核兵器のない世界を追求する勇気を持ちましょう」

そう言葉を残すと、芳名録に署名し、さらに二羽の折り鶴を置いた。

「安らかに眠って下さい　過ちは　繰返しませぬから」

そう刻まれた慰霊碑の前で立ち止まり、白い花輪を手向け、一〇秒ほど黙禱したあと、スピーチに臨んだ。

「七一年前、晴天の朝、空から死が降ってきて世界が変わりました。閃光と炎の壁がこの街を破壊し、人類が自らを破壊に導く手段を手に入れたことを示しました。

なぜ私たちはここ、広島に来たのでしょうか？

私たちは、それほど遠くないある過去に恐ろしい力が解き放たれたことに思いをはせるため、ここにやって来ました。（中略）広島と長崎は核戦争の夜明けではなく、道義的な目覚めの始まりです」

大統領の演説は、一七分に及んだ。

スピーチを終えたオバマ大統領に広島県原爆被害者団体協議会理事長を務める坪井《つぼい》

直《すなお》さん（九一＝当時、以下同）がこう語りかけた。

「（大統領を）辞めても広島に来て、繰り返し見たり聞いたりしてください」

オバマ大統領は坪井さんの右手を力を込めて握り、「ありがとう」を繰り返した。

被爆者の森重昭《もりしげあき》さん（七九）は感きわまり、目に涙をためていた。オバマ大統領がその肩を抱き寄せ、背中をさすった。

外相時代に世界を回っていて、広島の知名度は私が思う以上に高いと実感していました。とりわけ、軍縮・核不拡散を議論する会議では、私が広島出身であると発言すると、会場の雰囲気が一変することを度々経験しました。これを活用し、平和や軍縮の議論をリードし、いずれはアメリカ大統領の広島訪問をと考えるようになったのです。

オバマさんの核軍縮への熱意は筋金入りの本物です。四〇年近く前のコロンビア大学時代に「アメリカ・ソ連の効果的な核兵器管理」を研究した、と聞いています。

「米国は核兵器を使用した唯一の保有国として行動する道義的責任がある」

二〇〇九年四月五日、チェコ共和国の首都プラハでオバマ大統領はそう述べ、核廃絶への決意を示し、ノーベル平和賞を受賞しました。

そんなオバマ大統領の核軍縮への想いを確たるものにしたのが二〇〇一年九・一一の同時

広島の原爆死没者慰霊碑を訪れたオバマ大統領（2016年5月）

森重昭さんと抱き合うオバマ氏

多発テロだったと言います。まさか超大国アメリカの心臓、ニューヨークやワシントンで飛行機テロが起こるとは。もし、あの飛行機に小型化された核爆弾が搭載されていたら、何万という人命が失われていたはずです。

オバマ大統領はそれまで「広島を訪れることができれば光栄だ」「ぜひ行きたい」と話していました。大統領の任期は間もなく終わりを迎えるタイミングで、政治的なレガシー（業績）を考える時期ですから、好機到来でした。

広島では、捕虜として呉海軍刑務所などに収監されていたアメリカ兵、一二人も被爆死しています。

その一二名のアメリカ兵の名前は広島平和記念公園の原爆死没者名簿に記載されて慰霊の対象になり、国立広島原爆死没者追悼平和祈念館では一二人の遺影を見ることもできます。

実は広島テレビを中心とした地元メディアが二〇一四年から、「オバマへの手紙」とするキャンペーンを行っていました。これは、広島市内のあらゆる人が現職大統領に広島を訪問してもらうことを目指した草の根運動です。説得のキーワードのひとつが「アメリカ兵の犠牲者」でした。

ちなみに長崎でも一名のイギリス兵、八名のオランダ兵の捕虜が被爆死しています。その事実は、オバマ大統領と抱き合ったあの森重昭さんの調査によって発掘されたのです。

「フミオが言うなら」

森さん自身も、八歳のときに被爆しています。身内や友人を原爆によって殺され、会社員として働きながら、二〇年の歳月をかけて、原爆調査をライフワークとしてこられました。当時、多くの遺体が散乱し、山積みにされた死体に直接、軽油や重油をかけ、焼却していたために、誰の遺骨か判別できませんでした。それでも森さんは、被爆死した米兵たちについて丹念に調べ、一人一人の名前と遺族を特定し、アメリカの遺族と接触してきました。この岩をも貫く努力は『原爆で死んだ米兵秘史』（光人社）として書籍化もされています。

二〇一四年五月、広島テレビ社長（当時）・三山秀昭《みやまひであき》さんは、「オバマへの手紙」と、森重昭さんが発掘した米兵一二名に関する英訳記事を携えてホワイトハウスを訪ねています。

三山さんは読売新聞記者としてワシントンに赴任し、政治部長を務めた方です。ホワイトハウスとのパイプを持ち、高官に手紙を渡しました。

広島県原爆被害者団体協議会・坪井直理事長をはじめ、松井一實《まついかずみ》市長、知事や経済団体、大学教授、プロ野球球団のオーナー、被爆者、若者、主婦、子どもに至るまで広島市民七二人からの手紙の中には、「謝罪」を求めたり、「恨み」がつづられた内容はまったく含まれていません。被害者、加害者の枠組みを外したうえで、

「米兵も慰霊の対象になっている平和公園の慰霊碑に献花し、核廃絶に向けて一緒に歩みましょう」

と伝えているのです。

この歴史的な快挙には前段があります。大統領から絶大な信頼を得ているケリー国務長官にまず、広島訪問を持ちかけていたのです。

二〇一六年四月一〇～一一日、G7広島外相会合が行われました。同年五月の伊勢志摩サミット開催に際し、直近の国際情勢についてG7の外相同士で議論し、首脳会議へと繋げる重要な会合です。日本でもいくつか候補地があがったのですが、今回は私の地元の広島でどうですか、と各国に打診したところ、目立った反対はありませんでした。

核保有国のアメリカ、イギリス、フランスの外相が被爆地である広島を訪問する。これも歴史上はじめてのことです。そのことに重い意義があります。

サミットに向けての会合が主眼ですが、G7の外相に平和記念資料館を見学してもらい、一九四五年八月六日の広島に何が起きたのか、そのことを知ってもらえないかと考えました。

G7の外相のなかでも、アメリカ国務省のジョン・ケリー長官は重要人物です。次章で触れるようにケリーと私は馬が合う間柄でした。

「フミオが言うなら」

アメリカ国務省を通じ、平和記念資料館の見学の承諾が出ました。アメリカがイエスと言ったことで他の国も応じてくれたのです。

黒い雨の記憶

Ｇ７外相会合当日、ケリー長官は平和記念資料館を五〇分もかけて見学してくれました。ケリー長官は元アメリカ海軍大尉で、ベトナム戦争で多くの友人を失っています。爆風で衣服を吹き飛ばされた遺体や炭化した遺体を目の当たりにしているのです。その左腿には榴散弾の破片が残ったままで、戦争の悲惨さを嫌というほど理解しています。

「衝撃を受けた。すべての人が広島を訪れるべきだ」

平和記念資料館の見学後、ケリー長官はそう語りました。

もちろん、アメリカの政治家として、心情は別としても立場上、原爆投下への謝罪はできません。しかし、それでもケリー長官の表情からは戦争をしてはいけない、核兵器をこれ以上広げてはいけない、と強い決意を持ったことが窺えました。日本の記者から国務長官として平和記念公園をはじめて訪れた感想を尋ねられると、

「非常に大きな名誉だと感じたとともに、感きわまるものだったことを個人レベルで表明し

たい」

と述べ、資料館見学後、こうも語っていました。

「人間としてのすべての感受性を揺さぶられる衝撃的な展示だった」

資料館を見学した後、ケリー長官から驚くべき提案がありました。

「原爆ドームを近くで観たい」

予定外のリクエストでしたが、外相全員で歩いて向かいました。

「この一歩が核廃絶に繋がる一歩だ」――ドームへの五分ほどの歩みの途中、感謝の思いが溢れました。

一九四五年、広島に原爆が投下されて以来、アメリカ国務長官の広島訪問はこのときがはじめてです。その影響が小さいはずはありません。ケリー長官が本国に戻り、オバマ大統領に広島訪問と平和記念資料館の見学を勧めたことは想像できます。

オバマ大統領やケリー国務長官が広島を訪れたことで被爆地の存在が世界中に知られることに繋がりました。実際に被爆者に会い、抱き合ったことで、オバマ大統領は今後、被爆者と一括りにするのではなく、一人ひとりの顔を思い浮かべるはずです。

二〇一九年四月二五日、平和記念資料館が全面リニューアルしました。注目すべきは「8

G7外相会合で広島を訪れた各国外相は、徒歩で原爆ドームへ向かった（2016年4月）

慰霊碑に献花した各国外相

月6日のヒロシマ」ゾーンです。三体あった「被爆再現人形」はなくなりましたが、被爆死した幼児の三輪車や八時一五分で止まったままの時計、遺影などが展示されています。説明文は簡潔です。あえて詳しく説明していないのは、被爆者や遺族の悲しみ、苦しみに向き合ってもらうためです。

被爆者の平均年齢が八二歳を超え、惨劇の名残は原爆ドームや広島平和記念資料館の展示物などに限られます。記憶が時間の経過に流されてしまうことを恐れます。

一九四五年八月六日午前一時四五分、人類初の原子爆弾「リトル・ボーイ」を積んだB29爆撃機「エノラ・ゲイ」が北マリアナ諸島のテニアン島を飛び立ちました。

午前八時一五分、リトル・ボーイを投下し、広島市細工町（現・中区大手町）の島病院の上空六〇〇メートルで爆発。

死者一一万八六六一人、負傷者八万二八〇七人、全焼全壊建物計六万一八二〇棟の被害をもたらし、道路、河原、橋の上、広島市内は死体で埋め尽くされました。先輩方から、人が炭化する酸っぱい匂いが、鼻の奥に残って消えなかった、と聞いています。大きな怪我を負った人、後遺症に悩む人、多くの人が傷つきました。

あの惨事を経験した方が毎年減っていきます。

黒い雨。

火傷で垂れ下がった皮膚。

家族を探しさまよう人々。

丸坊主になってしまった女の子。

どろどろに溶けた茶碗や一升瓶。

抜け落ちた頭髪――。

核兵器は人間から何を奪うのか。核兵器の非人道性を語りつづけることが、広島出身の日本の政治家としての私の務めでもあります。

p66　注1　中国は二〇二〇年六月三〇日、香港国家安全保障法を施行した。一国二制度を香港返還から五〇年間は維持するという約束を反故にすることはきわめて遺憾で、今後中国に対して対話による問題解決を促していく必要がある。
p82　注2　新型コロナウイルスをめぐって米中の対立が一気に先鋭化しており、自由・民主主義・人権の尊重・法の支配を重視する国として、我が国がアジアの最前線で果たすべき役割はますます大きくなっている。

第三章　「信頼」に基づく外交

愛犬ベン

四年七ヵ月の長きにわたって外務大臣を務めましたが、外交課題の遂行にあたっては、各国の政治リーダーとの個人的な信頼関係構築が不可欠です。もっとも典型的なのは、安倍総理とトランプ大統領、インドのモディ首相あるいはロシアのプーチン大統領との関係でしょう。

私にとっても、外務大臣時代は、いま振り返っても宝物のような経験ばかりであり、このときに培った人間関係は、日本が今後、世界の「架け橋国家」となるうえで、必ず役に立つと確信しています。その一端を少しだけご紹介しましょう。

いま、私がいる自民党の政務調査会会長室には、二〇一六年九月にニューヨークで行われたG7外相会合の写真が掲げてあります（左ページ写真）。

アメリカのケリー国務長官と私の二人が真ん中に立っているのは、外相としての在任がもっとも長い最古参の外務大臣だからで、のちにイギリス首相になるボリス・ジョンソン氏はこのころまだ外相になりたてで、立ち位置は左端でした。こうした会合では、在任期間の長い順番に真ん中から外側に立つのが慣例になっているのです。

イタリアのジェンティローニ外相はこのあとすぐ首相になり、ドイツのフランク＝ヴァル

2016年9月、ニューヨークで行われたG7外相会合

ター・シュタインマイヤー外相もこの翌年に大統領に当選、二〇二〇年八月現在も大統領の職にあります。一方フランスのジャン・マルク＝エロー氏は首相を務めたあと、二〇一六年に外相になった人でした。

いずれも、私が親交を温めてきた気心が知れた面々です。

なかでも、アメリカ合衆国のカウンターパートであったジョン・ケリー元国務長官とは親しく、日本の要人と面会すると、いまでも「フミオは何してる？」と尋ねてくれるそうです。二〇一五年四月、アメリカ・ボストンの私邸に安倍晋三総理とともにお邪魔し、歓迎していただいた思い出は忘れられません。ケリー国務長官のご自宅は、築一二〇年の修道院を改築したもので、その荘厳な雰囲気に圧倒されました。

ケリー氏はベトナム帰還兵で、アメリカ国内でも人気が高く、民主党の大統領候補となった政治家です。また同時に愛犬家であることも知られています。愛犬「ベン」を家族のように愛し、執務室に写真も飾ってあるそうです。私は、愛犬ベンの写真をプリントしたクッションをお土産に持っていきました。

「オー、ベン、マイ・ファミリー」

テレイザ夫人はそう喜び、いたく感動してくださった。翌日の昼食会でも夫人は大喜び。

夫人はハインツ財閥の財産相続人でもあり、ケリー氏が大統領選の資金目当てに結婚した、とアメリカのメディアで揶揄《やゆ》されたことを教えてくれました。安倍さんは地元山口県の日本酒、獺祭《だっさい》を持って行きました。ケリー氏は喜んでいましたが、夫人の喜び方を見ると、「ベンちゃんクッション」の完勝でしょうか。

駐日大使であったキャロライン・ケネディ氏とは退任後の二〇一七年一一月にワシントンで、長男のジョン・スロスバーグ君を交えて会食をしました。キャロラインはサイクリングが趣味で、来日しては瀬戸内しまなみ海道を走破しています。しまなみ海道は広島県尾道市から愛媛県今治市まで六つの島を結び、CNNでも「世界七大サイクリングコース」に選出された注目のスポットで、いずれ私もサイクリングをしてみたいと思っています。

息子のジョン君もキャロライン以上に日本が大好きです。「Perfume」の熱心なファンで、二〇一三年のクリスマス、親子で東京ドームのコンサートに行ったようです。ジョン君は、「あ〜ちゃんのポニーテイルがかわいい」「のっちのダンスがうまい」などと「Perfume愛」を滔々《とうとう》と語っていました。私は「のっち」「あ〜ちゃん」がどのメンバーなのか理解できませんでしたが、「のっちは広島出身だ。うんうん」「そうそう、あ〜ちゃん、かしゆかも広島出身だ」と大いに盛り上がりました。

その他、イギリス首相となったボリス・ジョンソン氏とは外相会談などでよく会いました。少し変わった言動で知られますが、ロンドン市長を務め、実務に長け、知的で教養溢れる政治家です。特徴的な髪型で、遠くにいてもすぐ気がつくのですが、ボリスのほうから「ヘイ、フミオ!」と大声で叫びながら駆け寄ってくるような気さくな性格でもあります。

酒豪の外相

ロシアのセルゲイ・ラブロフ外相は、北方領土に関しては「渡さない」「返さない」など厳しい発言で知られます。しかし、彼もお酒を飲むと「気のいいおじさん」です。私も酒はかなり飲むほうですし、ロシア人は大概お酒に強いのですが、ラブロフ外相は輪をかけて強く、何度となく長時間にわたって飲み、議論しました。

ラブロフ外相も日本好きで、とりわけ和食を愛しています。東京へ来ると早朝の築地に行くようです。

「河岸で刺身をつまんで日本酒をひっかけてきた」

外相会談の前にそう笑って話していたことが何度もありました。築地場外の寿司屋で一仕事終えた仲買人さんらに交じって一杯やっているようで、なんとも粋なロシア人です。

ラブロフ外相は三月二一日が誕生日で、なぜかその日はプライベートで日本によく来ま

ロシアのラブロフ外相と

す。ある年は来日すると事前にわかって、誕生会を催したこともありました。飯倉公館で、昼間から天ぷらを肴に飲んでいるときのラブロフ外相は絵に描いたような「陽気な酔っぱらいおじさん」です。

誕生日プレゼントは何の躊躇もなくお酒。サントリーの「響21年」を贈ったら、「オウ！ジャパニーズ・ウイスキー」と大喜びされました。「響」「竹鶴」「余市」「山崎」など日本の蒸留酒はいま外国人から大人気です。ラブロフ外相から、お返しだ、と豪華な装飾本の返礼もありました。「中世の装丁本だ」というので、「何の本だ？　ドストエフスキーか？」と聞くと、ラブロフ外相がニコリと笑って表紙を開け、そこにあったのはウオッカの瓶でした。

「フミオは読書よりもこっちだろ」

そう言って杯を傾ける仕草。交渉の場では厳しい表情を崩さない各国の外相も、互いに杯を重ねる「飲みニケーション」で、人となりが伝わります。酔っ払えば皆、友だちです。ケリー長官やラブロフ外相ともハグをしたり歌を歌ったりしたこともあります。外相同士が立場や肩書を超えて胸襟《きょうきん》を開き、忌憚《きたん》なく話し合える関係こそが国際平和に繋がるはじめの一歩と言えます。

対口交渉の舞台裏

四年七ヵ月の外務大臣時代の経験から言えば、外交では「対話を絶やさない」ことが重要です。外交の要諦はまず「相手の話を聞く」ことで、すべてはそのことから始まります。相手国にこちらの思いを押し付けてはならない。押し付けたら向こうは受け付けてくれませんので、まずは相手の主張に耳を傾けます。それによって徐々に胸襟を開いてくれるようになるのです。

ラブロフ外相とは、二〇一三年四月、ロンドンで開催されたG8外相会合のときに会ったのが最初です。

「ロシア政府は領土問題ではいっさい妥協しない」

取り付く島もない、とはまさにこのことでした。その三日後、外相をロンドンの駐英大使公館に招き、昼食をともにしながらのワーキングランチ形式で話し合いを持つことにしました。

第二次世界大戦の歴史的な経緯や法律論を持ち出し、「第二次大戦の結果、北方領土はロシアの領土だ」と主張しますが、私のほうも、それは認められない、というやり合いとなりました。

その翌年の二〇一四年、ロシアがウクライナに軍事介入し、その一部を併合したことが国際社会で大きな問題となり、その余波で北方領土問題の交渉が棚上げになってしまいまし

た。二〇一五年一月二〇日、私がベルギー・ブリュッセルでの講演で、

「ウクライナで起きていることも力による現状変更だが、北方領土問題も力による現状変更だ」

そう発言すると、ロシア外務省は翌日「第二次世界大戦前の現状を力によって破壊し、多くの国を占領したのは軍国主義日本だ。歴史をひっくり返そうとしている」等の声明を発表しました。

翌二〇一六年一二月、ロシアを訪問し、ラブロフ外相と平和条約締結問題および領土問題について、議論を再開しました。

「いくら歴史的な解釈、法律論を持ち出しても同じです。日本の外務大臣として、ロシア側の解釈について、はい、そうです、とは言えない。あなたも私がどんなに主張をしても、同じように、わかった、とは言えませんよね。ならば、未来に向けて合意点を探る新しいアプローチをしようじゃないか。新しいアプローチを互いに考えようじゃないか」

会談やワーキングランチでは繰り返し、「新しいアプローチ」という言葉を使いました。

相手も外交のエキスパートなので、時に妥協や譲歩が必要であることも承知しているはずですが、その前に徹底して、自国の理屈を押し通してきます。こちらはラブロフ外相の言葉に耳を傾けながら、頃合いを見て、

「過去の解釈を繰り返すのではなく、未来に向けて妥協可能な点を探るために私はいまここにいます。セルゲイ、あなたも私と同じ考えではないのですか？」

そして、こう重ねました。

「未来に向けてお互いが受け入れられるものを考えましょう。過去は過去で大事で、法律的な位置づけもちゃんとしないとならない。けれどもそこにこだわっていると前進しない」

何度も伝えると、そのうちラブロフ外相の厳しい表情も変わっていきました。

王外相の「能面」が緩んだ瞬間

外務大臣時代、交渉相手としてもっとも手こずった国は、間違いなく中国です。

二〇一二年九月、時の民主党政権が尖閣諸島を国有化すると、中国船による日本領海への侵入、接続水域での航海を繰り返し行うようになりました。同年一二月、安倍政権が誕生すると私は外務大臣として、対中国の折衝に直面することになったのです。

尖閣諸島周辺の領海や接続水域では、中国公船の侵入が過去何回も繰り返されてきましたが、二〇一三年一月には中国艦船によるレーダー照射事件が発生し、一触即発の状態でした。

中国政府は「釣魚島は中国固有の領土」と繰り返しますが、日本政府は「解決しなければならない領有権の問題は存在しない」という見解で一貫しています。

サンフランシスコ平和条約では、台湾は日本が放棄すると明記されていますが、尖閣諸島の扱いは何も記載されていません。その後、アメリカによる沖縄統治の間に尖閣諸島は沖縄の一部として扱われました。よって尖閣諸島は沖縄の一部であったと、ひろく国際的に認識されています。

王毅《おうき》外相とは何度も厳しいやり取りをしましたが、いつも能面のように無表情で、感情を表に出すことはほとんどありませんでした。そして、口を開けば「釣魚島は我が国の領土である」と繰り返すのです。

もちろん私も日本の外相として、

「領有権の問題はない」

「国際法に基づいて、冷静に、かつ毅然とした態度で処理する」

と原理原則をまげるわけにはいきません。


いまでもよく覚えているのは、外務大臣になって一年目の二〇一三年夏、ブルネイでのASEAN関連外相会議で、王毅外相とはじめて会ったときのことです。この年に尖閣諸島をめぐってレーダー照射事件が発生し、日中関係はこじれていました。ASEANのその他の

中国・王毅外相と

会議でも日中両国間は非常に冷めた雰囲気で、中国側は外相会談の開催にも応じませんでした。

しかし私には、中国との関係改善こそがアジア地域の安定に繫がる、という強い確信があります。

「日中関係がこじれているときだからこそ外相同士は話し合える関係を築こうではないか」

その一念で王毅外相が宿泊するホテルまで押しかけ、外相同士で話そうと伝えました。

その結果、中国側は公式な外相会議とは認めないものの、話し合いの席を設けることを承諾したのです。

互いの国旗さえ掲げず、張りつめた雰囲気での会合になりました。王毅外相は通常のマナーとして握手に応じましたが、厳しい表情は崩しません。しかもテレビカメラの位置を計算に入れて、握手する手が背中で隠れて映らないような立ち位置をとっていました。

「お互いの主張をいくら言ってもキリがない。王毅さんに私が日本の立場をいくら言っても、わかりました、とは言わないでしょう。反対に王毅さんが中国の立場をいかに主張しても、私もわかりました、とは言えない。だから未来に向けて、ここなら協力できる、という道を探ろうではありませんか」

この日も、私はそう言いつづけました。

王毅外相については、ほとんど公にしていないこんな逸話があります。

あるとき、通訳も交えずに外相同士別室で話そうということになりました。二人きりになると、王毅外相は突然流暢な日本語で、こう語りかけてきたのです。

「いまの日中関係は大変な状況にある。岸田さん、あなたは宏池会の人でしょ。宏池会であれば中国との関係は大事にするはずだ」

王毅外相が日本語に堪能であることは知っていましたが、周りに中国の関係者がいれば彼は絶対に日本語は口にしません。その王毅さんが、日本語で「宏池会」と口にしました。

「宏池会をご存知でしたか。いまの宏池会の会長は私です」

「宏池会の会長でしたか！」

時間にして数分ですが、すべて日本語でのやりとりで、互いに握手をして別れました。

吉田ドクトリンの後継者

中国では、我々が想像している以上に宏池会は大きな存在感があります。

「一九七九年、大平総理のわが国訪問から始まったＯＤＡ（政府開発援助）は、中国の改革・開放政策の維持・促進に貢献するとともに、日中関係を支える基盤を形成してきました」

李克強《りこっきょう》首相と会談したときも、大平正芳総理の思い出をそう語りあっています。

中国の政治家と話していると宏池会の先輩の名前をあちらから持ち出し、思い出話に花が咲くことがしばしばあります。

宏池会はアジア諸国との関係を重視してきた歴史があります。

吉田茂元総理は、戦後の経済成長を最優先とし、安全保障については同盟国・アメリカとの関係を軸とする、「軽武装・経済外交」を国家戦略とする「吉田ドクトリン」を提唱しました。吉田氏の経済重視政策は、池田勇人元総理、大平正芳元総理、鈴木善幸元総理や河野洋平元衆議院議長、宮澤喜一元総理ら宏池会の先輩方に引き継がれました。

結果からみれば、この方針により奇跡的な経済復興を遂げ、世界第三位の経済大国としての地位を回復することができました。

その背景には、宏池会の先輩方が戦前、有無を言わせない形で戦争に突入し、数多《あまた》の悲惨な出来事を経験されたことがあります。戦前、戦中、戦後を生きた先輩方だからこそ、自由主義や、自由な言論への願望がありました。

アジアでも隣国との関係を重視し、対話重視の姿勢できました。宏池会には常に相手の話を聞き、一つずつ丁寧に改めていく精神があります。

先輩方がアジア外交に残してきた宏池会の歴史を受け継ぐことで軋轢《あつれき》を避けられることも

あります。その伝統はいまも生きています。

その前提となるのは、「言うべきことは言い、正すべきことは正す」姿勢です。尖閣諸島や東シナ海の資源開発など、我が国の国益そのものに関わる問題についてはもちろん、南シナ海での海洋進出や香港に対する対応、さらに不透明な軍事力強化などアジア・世界共通の関心事であり、絶対に見過ごすことができない問題については、中国に対し毅然と対応しつつ、隣国関係を安定させていく、したたかな外交が必要です。まさに、日本外交の腕の見せ所です。

また、中国は東南アジア諸国をはじめアジア地域において経済中心に急速にその影響力を増しています。その一方で中国の強権的な姿勢、一方的な影響拡大に対する警戒心も高まっています。

そのなかにあって、日本はアジア地域のもう一方の拠りどころとして、地域の発展と安心をリードしていく役割を果たしていくことも、日本外交のあり方として重要なのではないかと考えます。日本外交の基軸はこれからも日米同盟ですが、ここでもしたたかな外交が求められます。日本はアメリカの「代理国」ではなく、独自のどんな役割を果たせるのか。市場経済体制の先進国として、ルール作り、枠組み作り、アジア地域の秩序維持をリードする役目があると、私は考えています。

第四章

人間・岸田文雄

ニューヨークでの出会い

私は一九五七年七月二九日生まれですが、東京タワーが完成したのは翌一九五八年です。一九六〇年、カラーテレビ放送が開始。一九六三年、ケネディ大統領が白昼に大勢の前で暗殺され、そのニュースは始まったばかりの衛星放送で日本でも放送されました。

子どもも心にも、大人たちが騒然としていたことを記憶しています。日本橋に首都高速道路がまだ架かっておらず、ミゼットというオート三輪が走っていた時代で、映画「ＡＬＷＡＹＳ三丁目の夕日」の、まさにあの景色です。

父の文武は衆議院議員になる前は通産省に勤務する役人でした。一九六三年、父がニューヨークに駐在することになり、小学校一年生から三年生まではアメリカ・ニューヨークで暮らしました。父は通産省から出向し、ジェトロ（ＪＥＴＲＯ＝日本貿易振興機構）軽機械センターの初代所長に指名されたのです。

一九六〇年代の日本の主要輸出品は、セーターなどの毛織物を編む機械やミシンなどでした。当時のミシンはテーブルひとつ分は優にある大きさでした。トヨタでさえアメリカではまだ相手にされなかった時代で、街で日本車を見かけることはほぼありませんでした。母と

ニューヨーク駐在時の家族写真。左端が筆者

一緒にスーパーに行くと、見たことがない商品が棚一面に並んでいます。大きくて、ひどく甘いチョコレートを食べながら、

「来ちゃったからには仕方ない。いいこともあるだろう」

ぼんやりそう考えていました。

人の縁とは、時に不思議なものです。

復興大臣や厚生労働大臣などを歴任した、根本匠さんと浅からぬ縁を感じることが、このニューヨークでも起きています。

根本さんは一九五一年、福島県郡山市生まれ。東京大学経済学部卒業後、一九七四年、建設省（現・国土交通省）に入省します。福島一区の粟山明《もみやまあきら》氏が落選し、引退を決意すると、一九九三年、後任として出馬し、得票数二位で初当選。後に詳しく触れますが、私も同じ九三年の第四〇回衆議院総選挙で当選しており、当選同期の仲でもあります。

その根本さんとはある女性を介して知り合うことになるのです。「ある女性」などと意味深に語ってみましたが、まったく深い意味はありません。

私たち家族がニューヨークでの暮らしにも慣れたころ、通産省から父の一年後輩の織田季明さんが赴任してきました。この織田さんの娘さん・芳子さんは当時おかっぱ頭のかわいい

女の子で、一緒になって遊んでいました。互いにクイーンズ地区に居を構えていたので、私が通訳をしてあげたり、皆でバーベキューをしたりと家族ぐるみの付き合いとなりました。

小学生だった私は、おかっぱ頭の芳子ちゃんが根本さんと一緒になる未来が訪れるとはまったく予想もしていませんでした。三〇年後、ピカピカの議員バッジを互いに胸にしながら、

「芳子さんとの出会いは私のほうがはるかに早いんだ。小学生の彼女を知っているから」

そう話すと根本さんは目を丸くしていました。

行きは五人で帰りは六人

ニューヨークに着いた直後、私は六歳になったばかりでした。

ニューヨークは経済や文化の発信地で、さぞや楽しい暮らしを、と思われるかもしれませんが、実態はやや異なります。一九六〇年代はじめのアメリカは人種差別が凄かったのです。

白人の隣で用を足していると、舌打ちされることも普通でした。その時点ではよくわかっていなかったのですが、露骨な差別の言葉も何度か投げつけられていました。

一年も経てば日常会話はある程度自由になっていましたが、十分に言葉が通じないことで

小さな衝突は日常茶飯事です。

当時、全日制の日本人学校はなく、地元のパブリックスクール（公立小学校）に通うほかありません。クラスは、白人、黒人、インド人、韓国人など、まさに人種の坩堝《るつぼ》で、教室の壁には「Not discriminating（差別は駄目ですよ）」と貼ってあるような環境でした。

しかし、実際には小学校のなかでさえ、差別は存在していました。

ブルックリンの動物園にクラスの皆で行ったときのことです。先生からこう指示がありました。

「皆、迷子にならないように。二列に並んで隣同士になった子と手をつないで」

「先生に言われたのだから、手をつなごうよ」

と拙い英語と身振りで伝えると、横にいた白人の女の子が眉をひそめます。もう一度、手を差し伸べても同じ。最初は意味がわかりませんでしたが、すぐに差別されていることに気が付きました。

「この子をいじめたりからかったりしたこともないのに。ただ肌や髪、瞳の色が違うだけで」

小さいながら強烈に記憶しています。もちろん、人種を問わず一緒に遊んでくれる白人の子もいました。駐在していたクイーンズは当時は高級住宅街で治安も良かったので、白人の

ニューヨーク郊外、クイーンズのパブリックスクールに通った。
最後列右から2人目が筆者

子も安心してうちに遊びにきて、かけっこや相撲、あちらの感覚ではレスリングかもしれませんが、汗だくになって遊びました。分け隔てなく遊んでくれる白人の子がいる一方で、動物園で手をつなぐことを拒否したあの一瞬の表情が記憶から拭えません。

やや大仰に言えば、このことが、私が政治家を志した原点とも言えます。理不尽な差別に遭遇した際、自分はどう振る舞えばいいのか。相手にこちらの意思をきちんと伝えるべきか。しかし、日本語ほど自由に意思を伝えられず、また小学校低学年で表現力も乏しく、日本語にしたところでうまく伝わるかわかりません。

小さな差別は変わらずにありましたが、言葉が上達するにつれ、不便は解消されていきました。ある日の授業中、隣のクラスの先生から、

「フミオ、ちょっと来てくれ」

と呼ばれたことがありました。行ってみると、日本人の子が泣いています。

「彼女はなんで泣いているんだ?」

私が通訳を務め、先生に彼女の思いを伝えたのですが、そのころにはある程度先生からの信頼も得ていたのかもしれません。

一九六四年の東京オリンピックは七歳のときで、ニューヨークで衛星放送を通じて観戦し

ていました。開会式や閉会式くらいの記憶しかありませんが、日本の首都で初の五輪が開催されたことを喜ぶ大人の姿を記憶しています。在米中に妹が生まれ、家族六人でてんやわんやの三年間でした。

帰国する際、ハワイに立ち寄ったこともよい思い出です。当時、日米間の行き来はハワイで一泊してからニューヨークや東京に向かうのが一般的でした。小三の私が小さな妹とホテルのプールに入っている写真が我が家のどこかにあるはずです。

「行ったときは五人で帰りは妹が増えて六人になった」

長男としての自覚も芽生えはじめていました。

学校で仲が良かった子とは帰国後何通か手紙のやりとりをしたものの、時間とともに次第に疎遠になってしまったのは残念です。

開成高校野球部の青春

千代田区立永田町小学校に編入。麴町中学校へと進み、テニス部で汗を流しました。受験勉強を経て、一九七三年、昔懐かしい下町の情緒が残る街、荒川区西日暮里にある開成高校に進学しました。

私立開成高校は、「御三家」（ほかのふたつは麻布高校、武蔵高校）と呼ばれるなど、当時から進学校として知られていました。

そんな開成高校時代は、野球に明け暮れた三年間でした。

私はショートかセカンドを守り、打順は一番か二番、時々六番。

名門校のように野球部専用のグラウンドがあるわけではなく、サッカー部、陸上部、軟式野球部など他の運動部とローテーションで回すわけです。われわれ野球部は週末の試合も含めても週三回と決まっています。試合のたびに酷い目に遭いましたが、三年間、野球に打ち込み、充実した高校生活でした。三年生の夏の地区予選の一試合目であっさり敗北して野球部引退です。

ずっと後、開成の野球部が甲子園に近づきかけたことがあります。

ノンフィクション作家の高橋秀実さんの著書『「弱くても勝てます」開成高校野球部のセオリー』（新潮社）で、開成高校野球部が舞台となり、二〇一四年、嵐の二宮和也さんが青木秀憲監督役でテレビドラマにもなったので、皆さんも記憶されているかもしれません。

「守備は捨てて攻撃に専念する」

この一風変わった作戦で二〇〇五年の東東京予選四回戦まで勝ち抜き、五回戦で国士舘高校に一〇対三で敗れはしましたが、ベスト一六まで勝ち進んだのです。試合をすればエラーは当たり前。グラウンドでの練習は週三回のみ。そういった悪条件で、青木監督は「セオリ

第56回全国高等学校野球選手権東京都大会

開成高校野球部では、おもにセカンドを守った（下写真）

ーを無視」することから始めます。

守備の上達には時間がかかります。いくら練習してもエラーは出るし、もともと練習時間が限られているのだから、思いきって打撃に集中する。

「下手だからエラーをする前提で野球を行う」

と言い、失敗ありきでのびのびやらせる方針です。

エラーをしまくることで相手は「やはり下手だな」「開成って弱すぎだろ」と油断します。何点か取られ、なんとかスリーアウトを奪い、ようやく攻撃に移ると、そこからが勝負です。取られた以上に取り返すしかない。

「徹底的に打ち勝つ。そのためには最高級のピッチング・マシーンを買うので寄付をお願いします」

われわれOBからカネを集めて最高のマシーンを買い、徹底してバッティング練習だけをする。何点取られてもいい、それ以上に取ればいい。

「九点取られても一〇点取って打ち勝つ」

これが開成の「弱くても勝てます」理論です。

開成高校野球部の話をマスコミの皆さんの前でしたら、

「岸田さんの政治理念と随分違いますね」

と言われてしまったこともありました。

野球から学んだチームプレー

野球からは、多くのことを学びました。政治の世界と相通じることが多々あります。

言うまでもなく野球は団結力、チームワークをたっとぶチームスポーツです。

しかし、だからといって甘ちゃん同士で支え合っているわけでもありません。

弱小チームでしたが、あくまでも実力の世界で、一年生がレギュラーを奪うこともありました。野球の悔しさは野球で晴らす。後輩に抜かれた先輩はコーチにいわれなくとも、懸命に練習していました。私も後輩のためにバッティングピッチャーをしたこともあります。一人の力で勝てる試合はありません。

また同時に、レギュラー組だからといって威張ってもいけません。試合に出られない選手に支えられていることを肝に銘じてプレーすることです。開成野球部には理不尽な上下関係はありませんでしたが、打席に立つとき、守備に入るとき、補欠の選手のことはいつも頭にありました。

いま派閥の会長となっていますが、野球から学んだことが大いに役立っています。誰かがミスしても、宏池会のみんなで取り戻せばいい。一つや二つの失敗でカリカリしてはいけない。自分一人の力で政治家のバッジをつけたわけではない。それを、高校野球から学んだのです。

三年生の夏、予選が始まり、一回戦で大差で敗れました。試合内容はエラーをしたことぐらいしか記憶にありませんが、敗れた瞬間、「終わったな」と感じ、頭が真っ白になったことだけはいまでも憶えています。

青春を燃やした野球部を引退したあとは、いよいよ受験に備えることになりました。夏休みからの遅いスタートです。

「通学を考えたら開成に通うよりも、東大のほうがはるかに近いな」

東京の路線図を眺めながらそう夢想していました。しかし、その後、思わぬ試練が待ち構えていたのですが……。

東大とは縁がなかった

「なぜ俺の番号がないんだろう」

東大文Ⅰ（法学部）の合格発表の掲示板を見て、三年連続、三度そう思いました。一度目は東大のある本郷三丁目駅から自宅まで、なぜだろう、という思いが頭の中に渦巻き、どうやって帰宅したのかも覚えていないほどでした。二度目の失敗では、自分の人生について、俺に価値はあるのか、などと答えの出ない問いに煩悶しながら帰宅したような気がします。

しかし、三度目の失敗の時は、「これでやっと終われる」とむしろほっとしていました。

「仕方ない。東大とは縁がなかった」と割り切っていたのかもしれません。

父の文武は東大から通産官僚に。叔父の俊輔も東大から大蔵官僚になりました。叔母・玲子の夫の弘は東大から内務官僚となり、弘の実兄・宮澤喜一元総理は言うまでもなく東大から大蔵省に進みましたし、弘の息子で私より七歳年上の洋一は東大から大蔵省でした。

要するにどういうわけか、私の周りの多くは、「東大から官僚」のコースを歩んでいました。

「みんな東大だから」

私は自分も東大へ入れる、と勝手に錯覚していたのでしょう。開成高校は、東京大学合格者数が一九八二年から二〇二〇年まで三九年連続で首位という学校ですので、「まあ、俺も行けるだろう」と安易にそう考えていたのです。

しかも、私の親族や友人は勉強もしながら、趣味を持ったり、運動にも励んでいました。わずかな勉強時間でも東大に入れる者は入ってしまうものです。

「この先輩はいつ勉強していたんだ」

そう感じるような野球部の上級生が続々と東大へと進学していました。学校でも、家庭でも睡眠時間を削って遮二無二勉強しているような人はおらず、「俺がフツーに勉強してればなんとかなるはず」「きっとみんなと同じような道をたどるはず」という思い込みがあったのです。

一九七六年、はじめての受験は他の大学はいっさい受けず、東大文Ⅰのみでした。なんとわかっていなかったことか。

「野球だけならまだしも、ギターまで弾いていたのはマズかったかな」

この時代、ロック派とフォーク派に分かれるほどギター全盛期でした。サザンオールスターズの桑田佳祐さんが青山学院大学に入学したのが一九七四年で、一九七八年「勝手にシンドバッド」でメジャーデビューしていました。私も野球の傍らギターの練習もしていたので、勉強する時間はますます限られてしまいました。

「一から出直して来年こそは」

お茶ノ水駅まで電車で揺られながら通った駿台予備校では模試の成績も良く、「まあ、次は大丈夫」という思い込みのままで再度の挑戦も失敗。

「あれれ、洋一さんもそんなに勉強せずに東大入ったのにな」

大蔵省に入省し、仮眠のようにわずかな睡眠時間でバリバリ働く七歳年上の従兄弟を思い浮かべ、自分の資質に疑問を持ったことはありました。

三度目の失敗

三度目の挑戦となった一九七八年はさすがにこれ以上浪人して両親に迷惑はかけられないとの想いもあり、慶應義塾大学と早稲田大学も受験しました。前述の通り、三度目の東大文Iへの挑戦も見事に失敗。ですが、ありがたいことに慶應と早稲田には受かりました。

「早稲田はバンカラ、慶應はハイカラ」

慶應ボーイへの憧れはありましたが、男子校で野球に明け暮れていた自分の気質を考え、早稲田大学法学部に決めました。個性や多様性を大切にするという意味でも、早稲田の校風は自分に合っていたと思います。

身近な親戚の男のほとんどが東大へ行くなかで、東大へ行きそこなった。私自身はサバサバしていたのですが、オヤジやお袋には顔向けできないな、と申し訳なく思っていました。やはり、東大受験三度の失敗は父を少なからず落胆させたようです。

ただ、それでも父や母は何も言いませんでした。「巨人の星」の星飛雄馬の姉・明子のように物陰から見守るだけ。とくに父は、

「早稲田でよい友達をつくって見聞を広めろ」

と、短く励ましてくれただけでした。

父はもともと穏やかな性格で、怒られた記憶があまりありません。あえて何も言わずに黙って見守ってくれていることはわかっていました。早稲田に入ってから人生を見つめなおす時間がとれたのは、父のおかげです。

早大時代の「校外活動」

早稲田でもまた、人との縁を感じる出会いがありました。

防衛大臣などを歴任された岩屋《いわや》毅《たけし》衆議院議員（大分三区、当選八期）との出会いも早稲田大学です。同じ年齢で学生時代からの友人なので、呼び捨てにしますが、岩屋と知り合ったことで将来の選択肢に「政治家」が現実味を帯びて加わった気がします。はじめて出会ったとき、岩屋は政経学部の二年生でした。当時から眉毛が濃くて、存在感といい、西郷隆盛のような頼りがいがある男でした。岩屋は鹿児島のラ・サール高校出身で、彼の周りにはラ・サール出身の学生が集まっていました。さらに麻布高校出身の同級生とも仲良くなり、開成含めて三校出身の学生が集まり、都内の繁華街を飲み歩く毎日です。

岩屋とは学校の教室で会うことはまずありません。

高田馬場、新宿に飲みに行くとか、旅行に行くなど「校外」の活動ばかりでした。浪人生活の反動から、大学で少しでも良い成績をとることよりも、好きな音楽を聴き、麻雀を打

早稲田大学時代。大隈重信像前で撮影

ち、国内外へと旅をすることで岩屋をはじめとする仲間と親交を深めていきました。

当時から、「岩屋」「岸田」と呼びあう仲で、いまでも時々飲みに行きます。お互いにSP（要人警護の警察官）がいるので、周囲に迷惑をかけまい、と飲む機会もかなり少なくなっていますが、四〇年過ぎても、「岩屋」「岸田」の仲のまま。国会の廊下や自民党本部の階段で偶然すれ違う際、同じ時代の空気を吸った学生時代に引き戻されるような不思議な感覚に陥ります。

就職活動の思い出があります。当時は大手企業の選考の解禁日は一〇月一日で、解禁と同時に会社回りを始めます。私は一〇月一日の朝から三つほど回り、午後三時過ぎ、大手町の地下鉄で岩屋とばったり会いました。私が朝九時から銀行を手始めに証券会社、商社と企業訪問をした後のこと。

「この後、どこ回ろうかな」

ベンチで休んでいると、私の肩を叩く男がいたのです。

「いま起きてやってきたんだけど」

岩屋がのんきに話しかけてきました。髪はぼさぼさで、おろしたてのはずのスーツなのにズボンの折り目は消えかけていました。真っ白いプレスのきいたワイシャツとしわくちゃなスーツがちぐはぐで、岩屋らしい着こなしです。

岩屋は学生時代、カンボジア難民キャンプへボランティアに行ったり、鳩山邦夫さんの選挙を手伝うなど精力的な行動派でした。決められたレールを走るというよりも、自らレールを敷くようなタイプで、枠にはまらない大陸的な思考の持ち主です。

「いまから会社、回るとしたらどこがいいかな。岸田は次、どこ訪問するんだ？」

あくびを嚙み殺しながらネクタイを締めなおしています。

「がんばれよ」

私は岩屋の肩を二度三度叩いて別れたのを覚えています。

岩屋は結局、就職せずに鳩山邦夫さんの秘書になりました。学生時代から事務所に出入りしていたので自然の流れといえばそうでもあり、就職活動に向いていなかったといえばそうかもしれません。仮に岩屋が民間企業に入っていたら名経営者となったことでしょう。卒業後も時折、連絡を取りあっていました。

「秘書って何だってするんだぞ。車の運転もするし、家庭菜園の収穫だろ。蝶々の世話をするのも秘書の役目だ。青梅まで蝶が食べるパンジーを取りに行ったんだ」

蝶の愛好家で知られる鳩山邦夫さんの秘書を六年やった後、地元の大分県別府市に戻り、最年少で県議会議員となります。二九歳で、トップ当選でした。いまでは二〇代後半での出馬も珍しくありませんが、当時は、「まだ若い」「人生経験を積んでから」と岩屋の出馬に否定的な声が大半でした。揺れ動いたと思いますが、岩屋は持ち前の行動力で一人二人と支持者を増やしていったのです。

さらに岩屋は一九九〇年、三二歳で、旧大分二区より衆議院議員選挙に挑戦すると初当選を果たしました。

岩屋の結婚式は別府温泉の杉乃井ホテルの宴会場でした。飲めや歌えの大宴会で豪快な岩屋の性格そのままの楽しい披露宴でした。

「岸田、オマエも早くこっちに来い」

岩屋の波乱万丈な人生を横で見ていると、そう言われているような気になったのです。

「空飛ぶ棺桶」で出張

東大入学が叶わなかったことで、当時は人気だった官僚の道は諦めていました。岩屋のようなバイタリティー溢れる生き方はできそうもないので、まずは世の中を経験しなくては、とサラリーマンの道を選ぶことにしました。

内定をもらったのは、日本長期信用銀行（現・新生銀行）です。日本興業銀行（現・みずほ銀行）、日本長期信用銀行、日本債券信用銀行（現・あおぞら銀行）の三行は「長信銀三行」と呼ばれ、学生には人気の就職先でした。当時はバブル経済最盛期で、利付債の金利が八パ

長銀に就職、バブル末期の経済を肌で感じた

ーセント。バブル期は中小企業の会社でも引き出しをがらっと開けると札束が詰まっている、などいまでは考えられない光景をよく目にしました。

本店で外国為替の仕事に二年半従事したあと、高松市に二年半赴任し、融資係・営業マンとして四国の様々な会社を回り、今治造船、穴吹興産、来島《くるしま》どっく（現・新来島どっく）、伊予鉄、伊予銀行など四国中の会社とお付き合いしました。当時の長銀は高松の一支店で四国四県をカバーしていたため、時には瀬戸内海の島から島をめぐるために船に乗ります。その時代は四国にまだ高速道路が走っておらず、地域によっては海路がいちばん速かったのです。高松から宇和島に行くだけで一日かかるような時代でした。

一九八五年三月、松山自動車道が三島川之江ＩＣ～土居ＩＣ間の一一キロだけ開通し、高松支店の友人と「よし、四国に高速道路ができた。記念に行こう」と自動車で走りに行ったことを覚えています。一一キロくらいだと、自動車で走ればあっという間。「あれ、もう終わりか」と何往復かして、支店に戻りました。

本州四国連絡橋がまだ架かっていない時代で、実家の広島に帰るのも一苦労です。高松から岡山県の宇野（玉野市）まで連絡船で移動しますが、連絡船が出港するとき、『いい日旅立ち』『蛍の光』が流れます。乗客に四国から進学や就職で旅立っていく学生や会社員がいると桟橋から紙テープが投げ込まれました。家族や友達、会社の人たちが桟橋から見送っているのです。

宇野から列車で岡山駅に向かい、そこから新幹線に乗って広島にたどり着きます。帰省の際、連絡船の中で食べた讃岐うどんの味は忘れられません。香川県のどの店でもうどんは本当に美味しく、出張に出る際、駅の立ち食いうどん屋で讃岐うどんを食べてから向かうことがしばしばでした。二年半の赴任期間でいったい何杯のうどんを食べたのか。

東京の本社に行くときは一大イベントとなります。高松空港から飛行機に乗るのですが、当時はＹＳ11というプロペラ機で移動していました。小型のプロペラ機なので強い風が吹くと大きく揺れるのです。当時の高松空港は滑走路も古く、ガタガタ揺れながら助走します。そのうえ、夜遅い便に乗ると周囲は真っ暗で、機体は口の悪い地元民から「空飛ぶ棺桶」などと呼ばれていました。

「本当に大丈夫か。途中で墜ちないのか」

と、不安を覚えたものです。

クリスマスの「プレゼント」

一九八六年のクリスマスは、大変な思い出が残っています。

当時は、愛媛県を中心に一大グループを築いた来島どっくも担当していました。来島どっくは「船舶王」「再建王」と評された坪内寿夫《つぼうちひさお》氏が経営危機から再建させた造船メーカーです。

いつもは私が愛媛の来島どっくに顔を出していたのですが、八六年のクリスマス、来島どっくの経理部長が高松の長銀の支店に顔を見せました。

「珍しいですね。どうしました」

すると経理部長が頭を下げ、

「返済できません。利払い返済ができなくなりました」

そう言ってまた頭を下げたのです。当時、来島どっくは経営危機に陥っており、当面は利息の支払いのみで、利払い返済に切り替えていた時期でした。

事業を再建させ、収益が上がったら通常の返済に戻すことで、長銀としても経営再建に力添えをしていたのですが、利息すら払えない、との申し出でした。

たまたま支店長も次長もいないときで、「さてどうしよう」と胸中でうなりながら「利息だけでも何とか払えませんか」と尋ねると、経理部長は苦笑するだけです。

「おいおい、とんでもないクリスマスプレゼントだな」

腕を組みながらそう考えていました。

幸いにして時はバブル期です。翌年の八七年に新来島どっくを設立し、そこに営業譲渡することで経営は健全化し、いまも見事に存続しています。

あの時代は、昨日まで派手な生活を謳歌していた社長が翌朝にはどこかへ高飛びしている、などという話は枚挙にいとまがないほどでした。

私は海運業界を担当していましたが、この業界はちょっと特殊で、「一杯船主」などと言われる家族経営の会社がたくさんあります。お父さんが社長で、お母さんが副社長、長男が専務など家族が役員になって船会社を作るのです。一隻二〇億〜三〇億円の船を保有する会社もたくさんありました。

業績が良いときは何億も儲かるのですが、その反対で巨額の負債を背負うこともあり、博打のような一面もあります。大企業のように資本がしっかりしていれば安心ですが、家族経営なので、立ち行かなくなると夜逃げする会社もありました。ですから月に一度は、ちゃんとまだ存続しているか確認するために愛媛県内の船会社を回るのです。その際、戦国時代の村上水軍ではないですが、漁船をチャーターして移動することがありました。危なそうな会社を夕方、訪問して窓から明かりが漏れているか否かを確認し、真っ暗だと慌ててチャイムを押すわけです。

行員生活は五年で、その半分は四国での赴任生活でした。永田町に入る前、長銀の行員として社会経験を積めたことは大きな財産となりました。倒産や夜逃げの現場など世間の厳しさ、経済の激しい実態を肌で感じることができたことは政治家としての血肉となりました。

仁義なき選挙戦

多忙をきわめた行員時代でしたが、時には有給休暇を使い、父の選挙を手伝っていました。

私が早稲田大学法学部に入学した一九七八年、父は通産省を退官し、祖父・正記の地盤であった広島一区から出馬することになりました。祖父が亡くなってから二〇年近い時間が流れており、祖父の時代の後援会もなく地盤はあってないようなものです。

早稲田の学生時代と行員時代に、父の選挙を計四回手伝っています。行員時代にも様々な人と出会うことができましたが、選挙活動中もそれに劣らず様々な人と出会う期間でもありました。任侠映画「仁義なき戦い」の登場人物のような風体の方が事務所にやってきて、

「俺はどこどこの顔役で一〇〇票は動かせる。いくらで買ってくれる？」

という。公職選挙法違反そのものです。相手にしたくないのですが、雑に扱えば悪口を撒き散らすのは明白ですので無下にはできません。この手の人が毎日のように訪れてくるので、

「選挙とはこんなに大変なんだ」

と、終わるころには心身ともにヘトヘトでした。もっとも、いちばん大変なのは候補者である父なのですが。田舎で支援者の家を訪問すると、気を利かせてお茶や茶菓子を出してくれます。田舎ですから、出されたものはすべて食べきらねば、あちらでは食べて、そちらでは残した、とすぐに知れ渡ってしまいます。お皿いっぱいにおはぎを出されても、ほんの五分前におはぎをいただきました、とは口が裂けても言えません。美味しいです！　と言ってすべて平らげるしかありません。

当時はまだ中選挙区の時代で、広島一区は自民党二、社会党一で議席を分け合っていました。自民党は建設会社「砂原組」の創業者の砂原格《すなはらかく》氏、文部大臣と厚生大臣を歴任し、衆議院議長にもなった灘尾弘吉《なだおひろきち》氏、「社会党の三賢人」と謳われた大原亨《おおはらとおる》氏が盤石の地盤を誇っていました。一九七二年五月、砂原氏が亡くなると、前広島県副知事の萩原幸雄《はぎはらゆきお》氏が後継者となります。

広島一区は灘尾氏、萩原氏、大原氏の体制が確立していたのですが、一九七九年の衆議院選挙でそこに父が割って入る形になったのです。

当時の社会党は支持層が厚く、大原氏の一枠は決まっているも同然でした。つまり、残りの二枠を自民党の萩原氏、灘尾氏、父の三人で争うわけです。

これは熾烈な争いになる、と思われた矢先、萩原氏が体調不良で出馬を見送りました。灘尾後援会は盤石でしたので、残り一枠をめぐって、父と共産党の村上経行《むらかみつねゆき》氏の一騎討ち。岸田文武の名前を浸透させるために私も選挙区を駆け回りました。

「正記先生のお孫さんかね」と言って歓迎してくれるような祖父の時代からの根強い支援者に支えられ、父はなんとか三位で当選を果たしました。この年の選挙で当選した方は、麻生太郎さん、丹羽雄哉さん、亀井静香さんなどがいます。

建設省を敵に回した

選挙の熱気も冷めやらぬ翌一九八〇年、第二次大平正芳内閣への不信任案が可決され、大平総理は衆議院を解散し、六月二日に再び選挙戦に突入しました。いわゆる「ハプニング解散」です。自民党は衆議院で二八四議席と過半数を維持していたのですが、田中角栄元総理と福田赳夫元総理による権力闘争で、三木派・福田派ら議員六九人が本会議を欠席。これにより内閣不信任決議案が賛成二四三票・反対一八七票で可決された後、大平総理は解散を表明します。

「半年で二回選挙をやるのか」

そうボヤキながら、広島一区を駆け回りました。選挙運動真っ只中の六月一二日、大平総理が急死する緊急事態が起こり、弔い合戦となりました。同情票が集まったためか自民党は地滑り的大勝利を収めます。父は広島一区で社会党の大原亨氏を抜いて二位に繰り上がり、二度目の当選を果たしました。これで地盤は安定するか、と思いきや選挙はそれほど甘くはありません。

一九八三年一〇月一二日、ロッキード事件の初公判で田中角栄元総理大臣に懲役四年、追徴金五億円の実刑判決が言い渡されると国会が空転。中曽根康弘総理は衆議院解散を決断します。

逆風にさらされた自民党は同年一二月一八日投開票の「ロッキード総選挙」で惨敗、広島一区でも、世代交代が起こりました。

この選挙で、広島では前回もトップ当選だった灘尾弘吉氏が八三歳で引退を決意。建設省の事務次官を務めた粟屋敏信《あわやとしのぶ》氏が地盤を引き継ぎます。建設省を代表する粟屋氏は新人ながら広島県内の建設業者等を従えて圧倒的優位に選挙戦を進め、日本社会党の大原亨氏も安定した組織を背景にしています。

それでも、何もなければ父が共産党や無所属の候補者に競り勝ち、三枠内に滑り込めるはずでした。ところが公明党が初の候補者を立ててきたのです。公明党は公正取引委員会広島事務所課長の福岡康夫《ふくおかやすお》氏を擁立。圧倒的な組織力を活かした選挙戦を展開しました。

一二月一八日の開票では、初挑戦の公明党の福岡氏が真っ先に「当確」を決め、残り二枠を、社会党の大原氏、灘尾氏の地盤を引き継いだ粟屋氏、父の三人が争います。

「厳しいな。社会党の大原さん、建設省が丸抱えの粟屋さんも盤石だ」

NHKが二番目の「当確」を社会党の大原氏に打ち、残り一枠。

「届かなかったかな」

私の不安が、現実となりそうでした。民放テレビ局が粟屋氏へと「当確」を打ちます。事務所内は水を打ったように静まり返るばかり。

「明日の朝一番で、あそこを回って、次にあそこで」

落選のお詫びの順番を考えていたくらいで、私はなかば諦めの気持ちでしたが、ベテラン秘書は動じていません。

「まだわからんじゃろうが。広島市内が開いとらん」

その秘書の言葉通り、大票田である広島市の票が開くと、形勢逆転となりました。

当選　福岡康夫（公明党）　一二万二五一三票

当選　大原亨（日本社会党）　一一万八八七〇票

当選　岸田文武（自民党）　一〇万九二二三票
落選　粟屋敏信（自民党）　一〇万五一〇七票

わずか四一一六票の差で父が三枠目に滑り込み、選挙事務所は上を下への大騒ぎとなりました。一度は落選を覚悟しただけに、喜びもひとしおでした。

一方の粟屋事務所も、騒然としていたようです。「当確」が打たれ、喜んだ矢先の落選でした。また建設省の事務次官経験者が落選したことははじめてのことで、翌日から霞が関を中心に蜂の巣をつつくような騒ぎとなりました。

「事務次官を落とした岸田文武を絶対に許すな」

建設省の組織をあげての「岸田叩き」が始まりました。

歩いた家の数しか票は出ない

中選挙区制度では、他党の候補者がライバルであることはもちろんですが、自民党内の候補者同士がもっとも激しくしのぎを削ります。野党の候補者の持つ票を引っ剝がすのは大変ですが、党内のライバル候補であれば同じ保守として、票を奪いやすいのではないか、と考えます。

いまでは有名な話ですが、もっとも過酷といわれたのは旧群馬三区で、福田赳夫氏、中曽根康弘氏がトップ当選をめぐって激しく争い、「上州戦争」と呼ばれるほどでした。

当時は警察官が私服に着替え、事務所にメシを食べに来るような時代でした。公職選挙法もいまと違い、選挙ともなれば有権者は両陣営を食べ比べ、「今回は福田のほうがうまかった」と周囲に吹聴し、「中曽根レストラン」「福田料亭」と呼ばれるほどのおもてなしをしたなどという逸話も残っています。

そんななか、小渕恵三事務所では、有権者におにぎりくらいしか振る舞えず「小渕飯場」と呼ばれていました。小渕さんも負けじと、演説などで資金力のなさを逆手にとって「だれそれさんは料亭、あちら様はレストラン、うちはビルの谷間のラーメン屋と呼ばれていますす」と演説し、同情票を狙う作戦を展開したと聞いています。いまでは法律も変わり、もちろんそんなことはできませんが。

当時の選挙には派閥の力が重要で、粟屋さんには桁違いの資金力で議員の数を増やしていた経世会(竹下派)の後ろ盾があります。加えて、出身省庁が関わります。

岸田文武―宏池会―通産省
粟屋敏信―経世会―建設省

この構図で、派閥と出身省庁をあわせた全面戦争となりました。

「次にまた粟屋を落としたら、お前のところの陳情を受けないぞ」

選挙区内の全市町村役場に、建設省が直接電話をかけてきたと聞きます。強烈な締め付けでした。それに対し父は一人ひとりと握手をし、一軒一軒ご意見を伺うことで支持を広げていきました。

「建設省が怖いけど、岸田さんにかごまれたら（お辞儀されたら）」

続く一九八六年の衆参ダブル選挙でも、なんとか持ちこたえ粟屋さんに次ぐ二位で当選を果たしました。この「ザ・権力闘争」とも言える選挙で負けなかったことで、父の地盤はようやく強固なものになりました。

地盤を強く、盤石にするには、近道も楽な道もありません。他派閥や建設省の切り崩しに遭いながらもなんとか踏みとどまることができたのはドブ板行脚の結果といえます。

「修羅場をくぐり抜ける」熾烈な選挙を手伝い、自民党に昔から伝わる「歩いた家の数しか票は出ない。手を握った数しか票は出ない」ことを実感したのです。

父の選挙を手伝って以降、「建設省＝怖い」とのトラウマが植え付けられました。

時代は下って一九九九年、私は第二次小渕内閣で建設政務次官に就任し、その歓迎会で建設省の幹部が集まったので、余談として父の選挙の小話をしました。

「粟屋次官に勝ってしまった父は恐ろしい目に遭いました。建設省は怖いところで、二度とお付き合いはできないと思っていたらなんの因果か、政務次官に就任することになりました」

そう切り出したら、会場は爆笑に包まれました。幹部の中には若手時代、広島県内の市町村に圧力をかける電話を入れた方もいたはずです。直接はしていなくとも経緯を見聞きしていたかもしれません。私がその小話をしている間、多くの幹部が苦笑いを浮かべていました。

建設省の恐ろしさはまだあります。この章の冒頭で根本匠さんの奥様の芳子さんとは幼馴染みであることをお伝えしました。

芳子さんの夫となった根本さんは建設省のキャリア官僚です。芳子さんと結婚することが決まると、新婦側の主賓として父と母が呼ばれました。

「主賓として岸田文武がやってくる」

根本さんは事前に建設省の幹部に根回しをしなければならなかったと聞いています。かくかくしかじかの理由で岸田文武さんを招いたわけで、決してカイシャ（建設省）に弓を引くわけではございません、と幹部を一人ひとり回ったそうです。根本さんは笑い話として語ってくれましたが、当時は結婚相手の父親の上司が「省敵」であるとそこまでの配慮が必要だったわけで、役所の縄張り意識がいかに強烈な時代であったことがおわかりいただけたでしょうか。

中選挙区制から現在の小選挙区制に変わって、こうした役所までも巻き込んでの自民党内での争いはなくなりました。

自民党の「集金係」に

こうした経験をしながら、芽生えてきた思いがありました。

自分も政治家を目指したい――。

ニューヨークの小学校時代に感じた人種差別に対する義憤。

学生時代の数々の挫折や、友情。

銀行時代に感じた社会の矛盾。

父や身内の選挙に直接関わって目の当たりにした日本の政治の現実。

振り返ってみると、世の中には理不尽なこと、おかしなことがたくさんある。変えていかなければならないことがある。一方、守っていかなければならないこともある。

国や社会に関わるこうした事柄に、自分は直接関わりたい……。

「自分も政治家を目指したい。秘書にさせてもらえませんか」

その思いを父にぶつけると、父は、

「そんなに甘い世界じゃないぞ」

そう口にしました。

「覚悟の上です」

父は自宅のリビングで天井を眺めながら、

「長銀の人に迷惑をかけないように」

と短くつぶやきました。

一九八七年三月、五年間勤めた日本長期信用銀行を退社し、岸田文武の秘書となりました。

その後、五年間、東京にはほとんど行くことなく、秘書として地元広島の選挙区をひたすら歩きつづけました。

一九九一年、正月が明けると、父が体調の悪化をこぼすようになりました。我慢強い父ですから、多少の体調不良では口にしません。これは危ない、と思い病院で診察を受けると内臓のそこかしこにがんが転移していることが判明しました。

父・文武は口数の多い人ではなかったがその背中から多くのことを学んだ（右から2人目が筆者）

一九九二年八月四日、あっけなく亡くなってしまったのです。六五歳と、あまりに早い死でした。

父は背中で語るタイプでしたので、長く言葉を交わすことはありませんでしたが、たくさんの教訓を得ることができました。わずか五年間でも、秘書として仕えられてよかったというのが実感です。

父は「信頼される政治」をモットーに幅広い分野で活動していました。

第二次中曽根内閣で総務政務次官、続く第三次内閣では文部政務次官として大臣を補佐し、特に教育改革の積極的推進に努め、八六年一二月、ジュネーブで開催された第四〇回国際教育会議で、日本の教育改革への取り組みを紹介しています。

地方行政委員会、農林水産委員会、科学技術委員会、商工委員会、文教委員会、物価問題等に関する特別委員会等の委員または理事を歴任し、通産官僚出身の政治家として卓越した識見をもっていたと思います。

自由民主党では、都市局長、資源・エネルギー対策調査会副会長、中小企業調査会副会長、調査局次長、行財政調査会副会長などを務め、八八年一二月から党経理局長として、竹下登総裁から宮澤総裁まで四代の総裁のもとで汗をかきました。

この一三年後の二〇〇一年一月、私も経理局長に就任したことは運命であったと感じています。

経理局長は、一言で言えば集金係です。日本経済団体連合会などの経済団体や一部上場企業を回り、自民党への寄付をお願いして歩きます。

各企業の幹部ら、財界、経済界の一線で働く方々と面識が生まれる職務で、永田町とは異なる感性を磨くためにも積極的にお付き合いしました。私の前任が麻生太郎さんで、陽気で社交的な方ですから、私も負けないように財界、経済界の方々と交流を深めるよう、心がけました。

経理局長が各企業に寄付のお願いをする一方で、集めたカネを使うのは幹事長です。選挙となれば野党と接戦を強いられる候補者には厚めに配るなど資金援助は幹事長の手腕にかかっています。

私が経理局長のときは、安倍晋三さんが小泉純一郎総理に抜擢され、幹事長に就任していました。私も同席した経団連朝食会で安倍幹事長が、

「岸田さんとはご縁を感じます。平成五年の中選挙区時代の選挙で初当選をした当選同期ですし、親子二代にわたって幹事長と経理局長を務めました」

と挨拶すると、昔を知る経済界の方々が、大いに盛り上がっていました。

一九八八年の竹下登内閣の時代、安倍晋太郎幹事長、岸田文武経理局長で党を支えたこと

をご記憶の方もいたのでしょう。

父の当選同期の亀井静香さんや麻生太郎さんや丹羽雄哉さん、佐藤信二さんらはこの時分、私の顔を見ると、

「あなたの親父さんには大変世話になった。もしも困ったことがあったら遠慮せずにいつでも私に言ってくれ」

と温かい言葉をかけてくれました。

気がつけば父が亡くなった六五歳まで、あと二つとなりました。議員としての年数や肩書は父を抜いたかもしれません。しかし、父が残した功績には遠く及ばないことは自覚しています。

また、破天荒な祖父の正記がいたことは、私の実力以上の信用や信頼に繋がっていることでしょう。一生かかっても越えられない壁ですが、祖父や父の背中に一歩でも迫ることが供養となるのではないか、と考えています。

第五章　「正姿勢」の政治

選挙に強い「秘伝のタレ」

「岸田会長はなぜそんなに選挙に強いのですか」

あるとき、議員会館の私の部屋を訪れた自民党の秋葉賢也衆議院議員に、そう尋ねられたことがありました。

秋葉さんは、宏池会ではなく、竹下派の代議士です。

一九八七年、中央大学法学部を卒業すると翌八八年に松下政経塾に入塾。東北福祉大の講師などを経て、九五年、宮城県議会議員選挙に出馬し、初当選。以後、県議を三期務め、二〇〇五年の総選挙で宮城二区から出馬して当選六期、厚生労働副大臣、復興副大臣など実績を積んでいます。民主党政権となった〇九年の総選挙で自民党の候補者が民主党の斎藤恭紀さんに敗れたことを分析し、私にたどり着いたようでした。

自慢と思われてしまうので、派閥の若手にもあまり語ってきませんでしたが、思い出したくもないほど厳しかった〇九年の選挙でも、私は小選挙区、それも厳しいと言われる政令指定都市の第一区で勝利することができました。初当選以来、選挙区で連続九度当選させていただいています。

政治家たるもの、常日頃から緊張感を持ち、いつ何どき選挙となってもいいという心がけが大切ですし、もちろんそれだけでなく、自分の選挙区の支持基盤を強固にするために工夫を凝らすことを求められます。うなぎ屋の「秘伝のタレ」ではないですが、選挙に強い政治家は見えない形で様々な創意工夫や膨大な時間をかけて後援会を育んでいるのです。秋葉さんは「これだ」という味にたどりつくために、私の事務所を訪れたのでしょう。

同じ政党ですし、秘密にするほどのこともないので、後援会の作り方、街頭演説の重要性などざっくばらんにお伝えしました。秋葉さんはそれなりに感激してくれたようなので、まあ良かったのかな、と思っていたところ、

「なんで他所の派閥の人に教えて、自派閥の若手に教えないんですか」

と後日、若手から説教をされたことがありました。この章では私なりの選挙活動についてお伝えしたいと思います。

政治家にとって、

「地盤・看板・カバン」

の三バンは選挙戦を勝ち抜くうえでもっとも重要と言われます。

選挙は候補者の資質、能力、政策、実績などで選ばれるべきですが、後援組織がしっかり機能しているか否か、知名度があるか否か、選挙資金の多寡などが勝敗を分けることが多々あります。

私も父から地盤は引き継ぎましたのでいわゆる「地盤・看板・カバン」の三バンはありました。後援組織、岸田の名前、大きなアドバンテージがありましたが、父の時代はお世辞にも選挙に強いとは言えませんでしたから、自分なりの工夫も凝らしてきたつもりです。

どのような世界でも変化しつづけなければ生き残れません。私が長銀で働いていた時代、利付債は利率八パーセントでした。一〇〇万円を寝かせておくだけで金利として八万円ももらえた時代です。いまや定期預金の金利は〇・〇〇二パーセント程度、一〇〇万円預けて二〇円です。経済も時代によって異なるわけですから、政治家の選挙戦術、後援団体や選挙活動も時代とともに変わっていきます。

「一区」で勝ち抜くことの難しさ

佐藤栄作総理・総裁の後継者を決める総裁選には三木武夫・田中角栄・大平正芳・福田赳夫の四人が出馬し、「三角大福」と言われました。この四名は後に全員総理・総裁へと登り詰め、自民党の全盛期を支えました。熾烈な権力闘争が繰り広げられ、令和となったいま現在でも往時を振り返る書籍が刊行されています。

しかし、三角大福の子弟でいまも政界で活躍されているのは福田家のみです。子の康夫さんが総理となり、孫の達夫さんが将来のホープとして期待を集めています。

あの強固な地盤を誇った新潟五区の田中角栄元総理ですら、娘の真紀子さんが〇九年に民主党に入党し、一二年の総選挙で落選となりました。政治家の名前を残すのは本当に難しいことです。

とりわけ広島一区のような政令指定都市を含む選挙区はその時々の「風」、世論の雰囲気をもろに受ける選挙区でもあります。そして、いったん風が吹くと、既存の政党の候補者が吹き飛ばされるような突風になることがしばしばあります。

その好例が東京都議会選挙でしょう。

二〇〇九年の都議選では、民主党の候補が全勝しました。自民党は大敗です。反対に安倍政権成立後の二〇一三年の都議選では自民は全勝、民主は大敗です。次に二〇一七年の都議選では小池百合子都知事が率いた都民ファーストの会が大旋風を巻き起こし、自民は幹部やベテランも落選する憂き目に遭いました。つまり、都市部の選挙は「風」の影響を受けやすく難しいのです。

しかし、逆風が吹き荒れても勝ち残れる人はいます。自民党の伝統であるドブ板選挙を得意とする政治家は跳ね返せます。反対に理屈先行で、メディアを相手にし、汗をかかない政治家は逆風に脆い、と言われます。

永田町の政務でどれほど多忙でも、土日に地元選挙区に戻って支持者の前で活動報告を行う。月曜日からまた国会で議会活動を行う。若かろうがベテランだろうが、役職に就こうが、地元選挙区をおざなりにしてはいけません。私は、政調会長となったいまでも、可能な限り地元に戻り有権者と接するようにしています。

岸田家の政治家としてのキャリアは、祖父・岸田正記から始まります。

正記は非常にスケールの大きい人でした。「篤学の政治家」「政友会の懐刀」「人情代議士」「信義の政治家」など様々な異名がありますが、我が祖父ながら、破天荒な人生を歩んだ人です。

私が三歳のときに心不全で亡くなったので、抱っこをしてもらったような漠然とした印象しか残っていませんが、しかしそれでも、陽だまりにいるようなぬくもりやどっしりした温厚な人柄だったことを強く記憶しています。父の文武や母の澄子、親族、古参の後援者から聞き及んだ祖父・正記について少し触れたいと思います。

大連一の高級デパート

岸田正記は一八九五年（明治二八年）一二月一日、広島県賀茂郡西志和村（現・東広島市志和町志和西）で、岸田幾太郎の長男として生まれました。

父親を早くに亡くしてしまったのですが、代々続く地主で、財産はあったので、広島県立広島商業学校、長崎高等商業学校を卒業し、京都帝国大学法学部法律学科に入学。小学生のころから学校の先生に一目置かれるような存在で、勉強もでき、リーダーとしての資質も備わっていたといいます。

祖父は京都帝国大学在学中の一九二二年（大正一一年）に当時の高級官僚採用試験である高等文官試験に合格しましたが、大学卒業後は官僚の道には進まず家業を継ぎました。

正記の父・幾太郎は中国の奉天、大東、大連、文官屯の四ヵ所で観光商業施設を運営し、劇場、浴場、貸家、雑貨店など大陸で手広く商売を営んでいました。

正記も大陸に渡り、一九三三年（昭和八年）、「幾久屋百貨店」を起こしました。一九三〇年代の大連は石炭の露天掘りが行われるなど景気がよい地域で、物が飛ぶように売れているのに目を付けたようです。

「一般の商品は三越百貨店、高級品は幾久屋百貨店」

当時、満州の人口は三〇〇〇万人に達し、進展は目覚ましく、祖父の百貨店は三越よりもさらに高級デパートとして知られていたようです。店員たちは商品を梱包する暇もないほど忙しく働きました。内地でも珍しい「社員寮」も完備。目先の利益を追求することよりも、従業員の待遇を良くし、社員教育に重点を置きました。

「国家の繁栄も、企業の隆盛も、根本は人づくりにある」

との考えからです。百貨店の名前は父・幾太郎と、苦楽を共にした叔父の三宅久太郎の頭文字を合わせたものです。

百貨店経営や不動産業に乗り出し、満州で一、二を争う高額所得者となっていきました。「儲かって仕方がないから、牛乳風呂に入っていた」と噂されるほど羽振りは良かったようです。

一九七八年、新ダイワ工業（現・やまびこ）の浅本敏美会長が中国訪問の際、旧満州まで足を延ばしたところ大連、奉天の幾久屋百貨店の建物は往時のまま残っていたそうです。

政治家としては、一九二八年（昭和三年）、第一回の普通選挙で高橋是清や田中義一が所属する政友会から出馬し、全国最年少の三二歳で衆議院議員となりました。一九二五年（大正一四年）、衆議院議員選挙法が改正され「直接国税三円以上」という納税条件を撤廃、満二五歳以上の男子による中選挙区制の選挙が行われました。正記は、

「太田川の改修工事」
「広島～宮島口間の観光道路の整備」
「『昭和産業博覧会』の広島開催」

の三項目を公約として掲げ、選挙区全戸にビラを撒き、寿司や酒を有権者に振る舞い（当時は選挙法上違反ではありませんでした）、四〇回、五〇回と演説をして当選を果たしたと言わ

れています。

政治家としては昭和三年の第一回の普通選挙で初当選後、戦前当選六回。海軍政務次官等を務めました。

戦後公職追放され、追放解除後の一九五三年、吉田茂内閣の「バカヤロー解散」にともなう総選挙で最高得票で当選し、政界復帰を果たしました。財産の大半は大陸に残したままで昭和初期に買った都内の土地が唯一の財産でしたが、その都内の土地を切り売りして選挙に出ていたのです。

激動の時代を駆け抜け、私利私欲に走らず、自らを律し、政治活動を続けました。しかし、一九五五年の選挙で落選。次は自由党非公認となり落選し、政治家を引退しています。戦前戦後で一〇回の選挙戦を戦い、その間実に三〇年です。

かつて、「井戸塀政治家」という言葉がありました。政治活動や選挙運動に奔走するあまり、私財を投げうち、資産を失い、残ったのは井戸と塀だけ、という意味が込められています。

当時の政治家は名誉職と考えられ、政治で生計を立てるのは卑しいとされていた時代でした。祖父・正記はまさにそうした政治家であったと思います。その後、一九七九年の選挙に父・文武が立ったわけですが、正記の落選から二一年の歳月が経っており、選挙戦は毎回苦戦の連続であったことは第四章で述べました。

宮澤喜一さんの金言

祖父・正記、ずっと時代が下って父・文武から地盤を受け継いだ私の選挙は、苦戦から始まりました。

初当選となった一九九三年七月一八日の総選挙では「新党ブーム」で、自民党に逆風が吹いていました。

八八年に起きたリクルート事件をきっかけに「自民党＝金権政治」とのレッテルが貼られ、自民党に厳しい視線が注がれた。

九二年八月、金丸信副総裁が「五億円闇献金事件」を認め、辞任。その後議員辞職まで追い込まれた。

その結果、最大派閥の経世会（竹下派）の後継争いが起こり、小渕派が誕生。橋本龍太郎、梶山静六両氏が推す小渕恵三氏が新会長へと就任した。小沢一郎氏ら若手は「政治改革をすべし」として羽田孜氏を擁立して羽田派を結成し、経世会が二つに割れた。

時の宮澤内閣は政治改革を掲げながら、法案提出すらできなくなり、九三年六月一八日、野党が宮澤内閣不信任案を提出。自民党内の羽田派がこれに同調すると造反議員が続出し、内閣不信任案が可決された。

宮澤総理は同日、衆議院を解散し、国民の信を問う。宮澤内閣の不信任案に賛成した羽田、小沢、渡部恒三ら三六名が自民党を離党し、「新生党」を設立する。

その前年の九二年七月の参院選で細川護熙、小池百合子ら四氏が「日本新党」を設立し、九三年に武村正義氏が率いる「新党さきがけ」も生まれ、空前の新党ブームとなっていた。

私は広島一区から自民党公認候補として出馬を進めていました。父の時代は定数三でしたが、定数是正で広島一区は定数四となっていました。

地元の多くの方から、「若いんだから新党から出ろよ」と何度も声をかけられましたが、選挙に有利だからと言って政党を変えることは私の性分にあわず、その気はまったく起こりませんでした。自民党以外の選択肢はありえない、と考えていたのです。仮に落選したとしても、次の選挙まで耐え忍べばいい、と腹を括っていました。

父のライバルだった粟屋敏信さんは自民党を離党して新生党から出馬、代わりに河井克行さんが自民党公認候補となりました。

公明党からは新人の斉藤鉄夫さんが、社会党からは後に広島市長となる秋葉忠利さんが引きつづき出馬。波乱を起こしそうなのが、日本新党の中原好治さんでした。共産党から林田敬子さん、無所属の新本均さんという八人で争います。群雄割拠となった選挙区で、新人候補の私は「政治の師」とも呼ぶべき方に支援のお願いに伺いました。同じ広島県内で三区を地盤とする宮澤喜一総理です。

「お力添えをお願いします」

宮澤総理の実弟である宮澤弘と父の妹が結婚していて縁戚にあたります。その弘の息子が洋一で、後に経産相などを歴任します。吹き荒れる新党ブームに怯む気持ちもありました。

「ブームは一時的だから」

宮澤総理が落ち着き払って話す姿に、不安な気持ちも軽くなりました。知性溢れ、温厚な性格で、ポツリと発する一言にも含蓄《がんちく》があります。

「文武さんの背中を見ていましたね。それを思い出して頑張りなさい」

宮澤総理の言葉を支えに、初の選挙戦に臨むこととなりました。たぎる気持ちはあれど、不思議と落ち着いてもいます。やはり学生時代から父の選挙を手伝っていたからでしょうか。

はじめての選挙で、宮澤喜一総理の支援を受ける（1993年7月）

「文武さんは若くして亡くなりさぞ無念だったろう。文雄くんが遺志を継いでくれ」多くの昔馴染みの支援者から、ご支援をいただきました。

秘書の時代は黒子で、いかに父を表に出すかを考えていましたが、いまや自分が主役となって舞台に立たねばなりません。三五歳の若輩といえど、胸中に浮かんだ言葉をマイクにぶつけていきました。

「新しい風が吹いています。日本新党、新生党、新党さきがけなど新党ブームです。新しい立ち位置で政治を考えるのも重要です。しかし、新党一辺倒、何でもぶち壊せばいい、というのは違うと思いませんか。一方で、守っていかなければならない大切なものがある。そのバランスこそ、保守政党の真骨頂ではありませんか！」

冷やかしがてらに聞いていた人が私の話に耳を傾けてきます。相手陣営のスタッフも紛れて聞いていたかもしれません。

岸田文武の息子の品定めをし、「与《くみ》しやすし」と見るか「侮りがたい」と思うか。元来、口下手です。早稲田に通っていたとはいえ、弁論クラブである雄弁会にも参加していませんでした。ただ、大学時代から父の演説をすぐ側で聞き、父の代わりに演説も行っていたので、その点で鍛えられてはいます。マイクを握る手に力を込めながらも、頭は冷静で、話すごとに人が増えていくのを観察する余裕もありました。

政治家のスタンスとは低姿勢でも駄目ですし、高姿勢でも間違いです。自分の理念、政治哲学をもっていれば自ずと正しい姿勢である「正姿勢」になります。この低姿勢でも高姿勢でもない「正姿勢」という言葉は陽明学者の安岡正篤《やすおかまさひろ》さんが宏池会創設者の池田勇人元総理に助言したと言われ、我が宏池会に引き継がれています。

「野党議員」としてのスタート

九三年七月一八日の投開票日。

選挙活動を通じ、手応えを感じていましたが、はじめてのことなので不安も拭えません。弔い選挙は元来優位ですが、新党ブームの波が凄まじく、どう転ぶかわかりません。

父の時代は投票日となると食事も喉を通りませんでしたが、自分の選挙では、やるべきことはやった、と腹は据わっていました。

一枠増えたこともあり、必ず四枠の中に入るだろう、という感触はありました。

結果はなんと、二位の斉藤候補に二万票以上の差を付けた堂々のトップ当選でした。

父の弔い合戦で敗れるわけにはいかない、と皆さんの力添えがあってこその結果でもあります。

岸田文雄（自民党）　一二万七七二一票
斉藤鉄夫（公明党）　一〇万六七六三票
秋葉忠利（日本社会党）　一〇万一〇四七票
粟屋敏信（新生党）　九万二九三七票

逸る気持ちで議員バッジを襟に着け、東京・永田町の自民党本部に向かいましたが、実はこのとき、党本部の雰囲気は一変していました。

細川さんや小池さんら日本新党、小沢さん、羽田さんらの新生党の「新党の嵐」が全国に吹き荒れ、自民党は過半数割れの二二三議席に留まる惨敗を喫していました。

新生党、社会党、公明党、民社党、社会民主連合の五党は合計一九五議席で過半数に届きませんが、この五党に日本新党などが加わり、日本新党の細川護熙代表を首班とする細川連立内閣が誕生したのです。自民党は結党以来、初の野党に転落しました。

つまり私の議員生活は、野党議員としてスタートしたのです。全国から勝ち抜いてきた自民党の新人の同期は、二六名。その中に、安倍晋三さん、野田聖子さん、根本匠さん、塩崎恭久さん、浜田靖一さん、小此木八郎さんらがいます。二世、三世の世襲議員が多く、なまじ父親時代を知っているだけに戸惑いを隠せません。

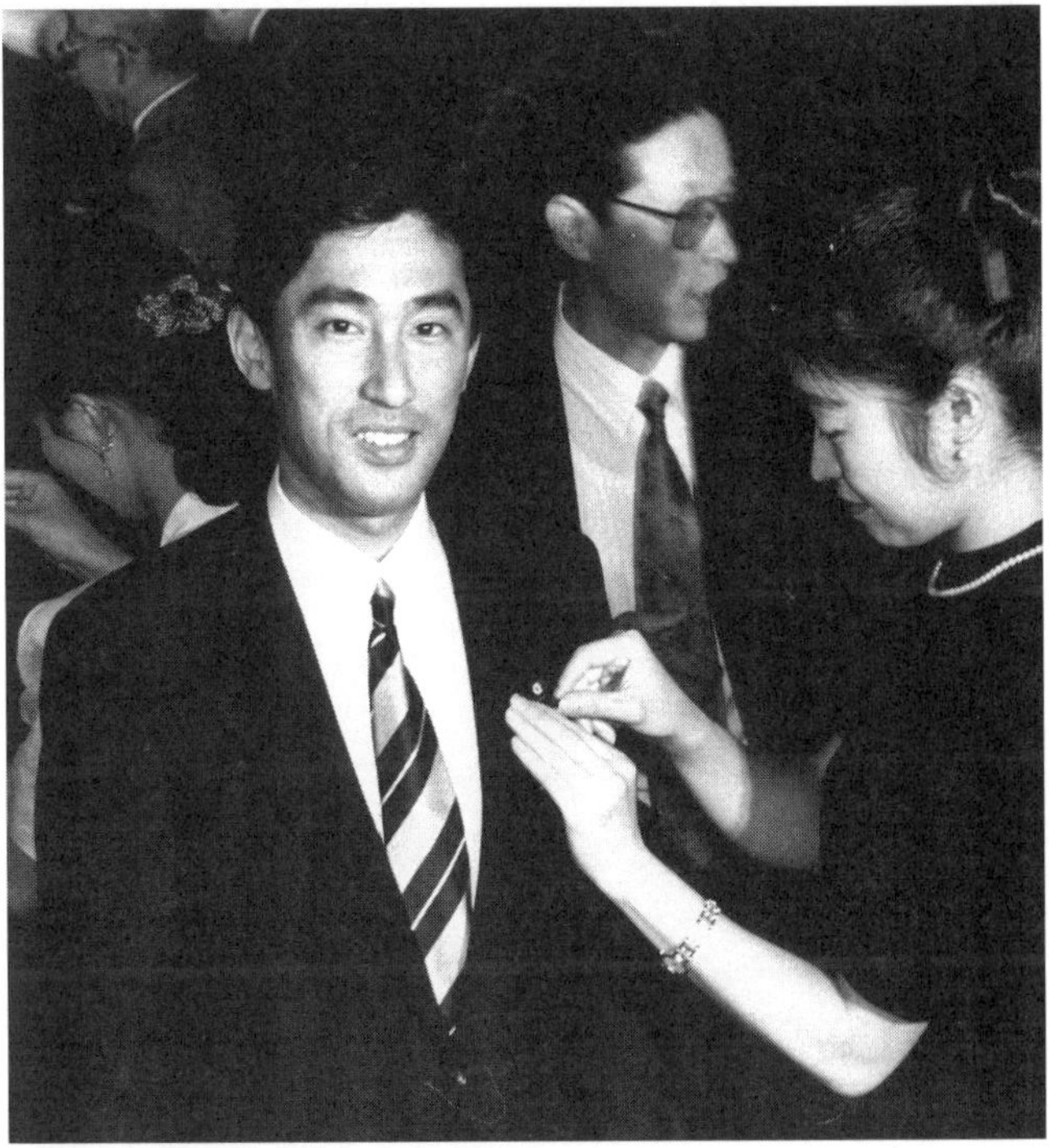

初当選を果たし、バッジを着ける

「駐車場がガラガラだ」

「来客がない党本部なんてはじめて見た」

年末ともなれば予算編成の季節です。例年であれば全国から人が押し寄せるのですが、守衛さんは暇そうで、受付の女性も手持ち無沙汰で座っているだけ。幹事長室を覗けばあの森喜朗さんですら長い政治経験の中で初の野党でもあり、暇をもてあましていました。

「これが野党になるということか――」

この後、一〇ヵ月で政権へと復帰できますが、選挙で吹く「風」の怖さを目の当たりにしたのです。

しかし、一年目から野党暮らしを経験できたことは貴重な財産と言えます。

「野党に転落するのはあっという間」

という厳しい現実と、

「どうなるかわからないことを恐れない」

という心の持ちようを得られたことは貴重であったと言えます。私は日々、選挙について考えるようになったのです。

ビールケースに立ちつづける

今回はトップ当選できたが、次はどうなるかわからない。どのような逆風下でも生き残れるようにするにはどうしたらいいのか。昔ながらの後援会でいいのか。カネもかからずにうまくやれる政治活動はなにか。街頭演説をもっと増やしたほうがいいのではないか。

三五歳の若さを活かした選挙戦術があるのではないか。父から引き継いだ後援会はありがたいが、メスを入れるべきだ。時代に適応した後援組織、選挙活動をしなければ、この先も勝ちつづけることはできない、と考えるようになりました。

眠りにつく前、頭をめぐらせ、いいアイデアが浮かべばどんなに眠たくともノートに記しました。

そのなかの有効策をいくつかご紹介しましょう。まずは、何と言っても街頭演説です。

当時、広島ではあまり一般的ではなかった街頭演説を積極的に行いました。初当選の翌年の九四年五月から、二〇年近く、外務大臣就任後も街頭演説は欠かしませんでした。いまでこそ辻立ちや駅頭演説は一般的ですが、私が初当選した当時は、「そんな時間があるなら東京で人に会ったり、政策を磨け」とお叱りを受けたものです。

街頭演説には、おカネがかかりません。

ビールケースのような台と秘書が持つ幟《のぼり》があればどこでもできます。選挙の投票日も近づけばみなこぞって駅前や人が集まる施設の前で演説を行いますが、私はこれを期日に関係なく試みたのです。選挙とは関係なしに広島の繁華街に立つ。立って演説を行う。

新人のころ、週末、繁華街で演説をしていると「あれ、選挙？」と声をかけられました。声をかけられたら、チャンスだと思い、積極的にご縁を結んでいきました。八丁堀の交差点、紙屋町の交差点、市役所前など繁華街には買い物客や待ち合わせなどでたくさんの人がいます。新人時代、週末ともなれば選挙区内の繁華街を周り、演説をしましたし、大臣になってもスケジュール上できそうだ、と思えば駅前で語りました。外務大臣のときもやりました。

「また岸田文雄が立っているぞ」

そのように認識していただくまで立ちつづけました。風景の一部となるくらいまでやることです。

もちろん、選挙区事情にもよります。過疎化が進むような選挙区では街頭演説をやっても人がいないことがあるかもしれません。よく、「犬や猫にも頭を下げろ」と言われますが、犬や猫は有権者ではありません。ただ、それでも、どこかで人は聞いていてくれているものです。

広島市は政令指定都市ですから、人はいくらでもいます。土曜日の午後二時、三時、月曜日の朝八時、必ず街頭演説をやっていました。八丁堀交差点の角に銀行がありますが、土曜は休みなので、その前で話す習慣となっています。シャッターが閉まった銀行を背景にして演説をするのです。

しかし、外務大臣になると、取材のテレビカメラが並んでしまい、居合わせた街の人が「何事か、事件でも起きたのか」「タレントでも来ているのか」と集まってきます。

私がいつも通り演説しているだけなのに人が人を呼び込み、テレビカメラの後ろに人垣もできてしまいます。繁華街の人の流れを妨げて迷惑をかけ、遠くの人は何も見えないので、かえって申し訳なくなり、やっている意味が薄い、と控えるようになりました。

閣僚や三役を経験し、役職が上がると、各地・各候補からの応援演説の依頼も舞い込みます。地元で演説する機会は以前に比べ減ってしまいましたが、私の原点はこの街頭演説にあります。

ピラミッド型選挙は通用しない

街頭演説にもコツがあります。皆さんも駅前などで政治家がビールケースの上に立ち、拡声器を持って話している姿を記憶されているでしょう。ただ、話の内容までは覚えている人は少ないと思います。

聞かせるのではなく、見ていただく、と捉えたほうが良いのです。一生懸命、なにかを伝えようとしゃべっているその姿が大事で、見てもらうことに主眼を置きます。

足を止めてしっかり聞き入ってくれる有権者ももちろんいますが、大半の方は横断歩道を渡るまで、駅の改札を通過するまで数秒しかなく、「駅前で岸田文雄がなにかしゃべっていたな」で終わってしまう。そこで私は、見ていただくことに主眼を置きつつ、色々と実験をしてみることにしました。

一度の演説では、二〇分を二回行います。若い時分は、目いっぱい早くしゃべったらどれくらい話せるのか、逆にゆっくりしゃべるとどんな反応だろうか、声の大きさ、小ささなど色々、試してみました。毎週土曜日、月曜日と演説の回数を増やすこともできます。

どのような話し方がもっともよく聞いてもらえるのか、と実験的な演説もしました。

結論を言うと、メリハリをつけることが重要で、強調すべきところは比較的にゆっくりしゃべるし、声も大きめかつ高めがいい。演説の核の部分となる直前にあえて早口でしゃべったりもします。

ここぞという核の部分では声を張り上げゆっくり話します。

失敗した例で言うと、同じテンポでずっとしゃべっていると反応がありませんでした。聞き流されてしまうのです。お経のような一定のリズムの演説では、道行く人は振り向かないし、足も止めません。

先にも触れたように政令指定都市のある一区は「風」を受ける特性があります。政令指定都市は、一回の選挙ごとに有権者の三分の一が変わってしまう、と言われるほど人の移動が激しいのが特徴です。

広島一区は人口四〇万人で有権者は三〇万人強です。計算上、毎回一〇万人が入れ替わります。駅前の商店街などご縁のある人、後援会として応援してくれる人もいますが、全体の三〇万人からするとわずかです。実際に会ったことのある人は一万人くらいでしょうか。当選に一〇万人必要だとして残りの九万人の方に「岸田文雄」と書いてもらえるかが勝敗を分けることになります。

都市型の後援会作りにも工夫を凝らしました。

田中角栄元総理には、越山会という巨大な後援組織が控えていました。地元の経済界の重鎮を会長に据えたピラミッド型の後援会です。後援会長からの号令一つで、各地の町会長などへと指示が下り、さらに小さな組織のトップへと徐々に下りて下まで一気通貫方式で指示が流れる、効率のいい組織形態です。

私も田中角栄元総理の真似をしてピラミッド型の組織をつくろうとしましたが、うまくいきません。トップの下、その下くらいまではいくのですが、より多くの人にまでは声が届かないのです。どうもうまく機能しない、と悩みました。

政令指定都市には、都市部特有の複雑な人間関係が背景にあります。あの人があっちなら私はこっち、あの人がやるなら私はやらない、と微妙な人間関係が絡み、難しい。また地方では本家と分家のように一族の中で序列があります。都市部では家柄、家の格式が上か下か、というような話はあまりしません。越山会型の後援会をつくっても足並みが揃わないことに気が付きました。

私なりに考えてみた結果、

「みんなそれぞれが好きな人を集めて後援会をつくってください」

とお願いすることにしました。小さな後援会をいくつもつくります。異業種交流や趣味の会合で十数名、二〇名でもかまいません。みんなに、「あなたが後援会長です」とお願いをしていくやり方です。何百人も束ねなくてかまいません。数十名規模の小さなグループをまとめてもらうのです。まさに、多様性を重んじる分権型の後援会でした。

平素は勝手にやってもらい、ひとたび選挙になったら後援会長を一堂に集めて後援会長会議をやり、そこで役割を分担していただく。

盆踊り大会、ボウリング大会、クリスマス会、バレーボール大会、学校行事など、地域のイベントには可能な限り顔を出している

近所のおじいちゃん、おばあちゃんに、

「二〇人三〇人集めてくれたらいつでも行くから」

そうお伝えしておきます。家の大きさにもよりますが、一〇人くらいのときもあります。規模の大小は問わずに車座になって行う座談会を、「出前国政報告会」と名付け二〇年近く続けました。ホテルの大きな会場で話すこともありますが、地元支援者のお宅や公民館で話したほうが、距離が近い分、真意は伝わるように思います。

大逆風

自民党が野党時代、谷垣禎一総裁のとき、「なまごえプロジェクト」に取り組んでいました。これはまさに私が行っていた出前国政報告会と同じで、地元有権者と膝を突き合わせて話し合う車座集会です。野党時代で時間もあるので、当選した者も落選した者も、地元で車座になって地元の方と交流を重ねたのです。このときに徹底して話し合ったことが、その後の政権交代に繋がったように思いました。

いまと比べれば、若いときは役職もなく自由もききますから時間もそれなりにありました。

金曜日、広島に帰り、月曜日、東京に行くまで地元活動をびっしりやっていました。手間ひまはかかりますが、やればやるほど声をかけられる回数も増え、実感も湧きます。コツコツと積み上げ、演説や後援組織を見直し、一〇年もしたころには、自分の中で「選挙戦勝利の方程式」が出来上がりました。

しかし、それでも「あのとき」は何度冷や汗が流れたことか。

初当選から一六年後、民主党に政権を奪われ、自民党は二度目の野党の悲哀を味わいます。

二〇〇九年の選挙で、自民党は一一九議席と、公示前から一八一議席も失う惨敗を喫しました。

安倍、福田、麻生と一年ごとに総理が代わり、麻生政権では運悪く、〇八年九月のリーマン・ショックに端を発する金融危機に遭遇しました。〇八年一〇月二八日、六九九四円まで日経平均株価も下落し、二六年ぶりに七〇〇〇円を割り込む安値となりました。参議院の過半数は民主党に握られ、「ねじれ国会」は続き、策を打とうにも国会内で合意に至ることができません。

何度も解散が検討されるも見送られ、内閣支持率は急落していきます。内閣の不祥事や党内の混乱もあり、内閣支持率は一〇パーセント台まで急落しました。

親子二代でお世話になった有権者からさえ、こう言われたほどです。

「岸田さん、あんたのことは支持するが、自民党は支持できん。お灸をすえる意味で一回、民主党に任せようと思う」

自民党の国会議員というだけでビラを受け取ってもらえません。わたした名刺を破られるなんてことは全国でザラでした。

しかも、〇六年に後期高齢者医療制度を制度改革に盛り込んだ際、私が厚生労働委員長として法案の採決をした映像がテレビで繰り返し流され、私は「高齢者の敵」のような扱いでした。

声をかけると無視されたり、時には顔をそむけられたりもされました。私の苦闘を見かねた、お隣山口県の参議院議員の林芳正さんが応援に駆けつけてくれて、一緒にマツダスタジアムの前で演説をしました。カープの試合があった日で、二人で演説を行おうとしていたその矢先、

「自民党のボケが何しにきたんじゃ、ワレッ!」

と強烈な罵声を浴びせられました。

「私は根っからのカープファンです。カープを愛しています」

そう言っただけで凄まじい罵声が飛んできたのです。

「自民党の議員がファンだなんて縁起が悪いんじゃ」

私がどうこうではなく、自民党という看板に極悪人と書いてあるかのような扱いで、林さんもここまでの逆風は体験したことがなく、「自民党ってこんなに嫌われているのか」と唖然としていました。

たった二人だけの生き残り

初出馬となった一九九三年の総選挙でも自民党への逆風は吹いていましたが、あのときは「新党ブーム」による逆風で、「自民党しっかりしろよ」という雰囲気でした。しかし、二〇〇九年の総選挙では、民主党に対する期待よりも、「自民党はもう駄目だ」という逆風です。我々が少ししゃべるだけで、凄まじい形相で罵倒されるの繰り返しです。

「こんな経験は一生ないだろう」

政治家は、罵倒されたからと言って自分が感情的になってはいけません。糠《ぬか》に釘ではないですが、ありがとう、と笑って受け流す「暖簾に腕押し作戦」で切り抜けるしかありません。

広島一区の候補者は六人でしたが、実質的には民主党新人の菅川洋氏との一騎打ちと言えました。菅川氏の父君は広島県の教育長、民主党参議院議員を務めた菅川健二氏です。広島で知名度もあり、こちらには逆風であちらは追い風です。四年前の選挙では五万票近い差をつけて私の圧勝でしたが、今回は菅川氏が話すと黒山の人だかりで、ビラもどんどんさばけていきます。

勝負である以上、自分が負ける姿は考えませんが、有権者から罵声を浴びせられる度に「落選」の二文字が頭をよぎります。それでも、私や自民党の代わりに罵声を浴びせられながらポスターを一枚一枚貼りに行ってくれた方、チラシをまいてくれた方がいるのです。「雨天の友は真の友」です。私はそんな彼ら、彼女らのためにも負けるわけにはいかない、と歯を食いしばりました。結果は、

岸田文雄（自民党）　九万五四七五票
菅川洋（民主党）　八万七五五七票

惜敗率九一・七パーセントと菅川氏の比例復活を許してしまいましたが、七九一八票の差を付けて勝利できました。海部俊樹氏、笹川堯氏、中川昭一氏ら閣僚や三役経験者、元総理すらも小選挙区で落選する自民党にとって厳しい選挙戦のなかで、政令指定都市の一区で勝ち残れたのは私と逢沢一郎氏（岡山一区）の二名のみでした。

大逆風の下、小選挙区で勝ち得たのはひとえに皆さまのおかげと、いまも感謝の思いのほかありません。その後の政治家人生を考えても、あのときの勝利は大変大きな意味がありました。

政治家は選挙を経て、大きくなっていきます。厳しい、苦しい選挙となると、若い方は嫌がりますが、むしろ喜ぶべきことなのです。困難に直面し、その壁を乗り越えたときにこそ成長があるのです。

実際、厳しい選挙を勝ち抜いてこそ、党内で一人前の議員として扱ってくれます。追い風が吹いて受かったような議員ではなく、逆風下でも勝ち残れる議員だからこそ先輩からも一目置かれ、発言をしっかり受け止めてもらえるようになります。長年政治家をやっていれば、雨の日も風の日も暴風雨の日もあります。逆に言えば、逆境の中でこそ政治家の器量が試されるとも言えます。

「一〇年は徹底して選挙区を回れ」

かつて先輩方にそう教わったものです。

選挙が強いということは有権者との絆が強いことでもあります。皆さんが何にお困りか、率直に語っていただける、その関係を作ることです。すると、政治家としてその悩みをどう政策に結びつけるか、と進むべき道が見えるのです。そして、有権者との絆が固ければ、政治家として不祥事を起こしたりすることもなくなるはずです。有権者に対してあまりに申し訳なく、顔向けできないからです。その意味で、足元を固めることこそ一人前の政治家への一歩と言えます。

私が尊敬する歴史上の人物に西郷隆盛がいます。泰然自若として人の話によく耳を傾け、遠慮近憂、常に遠くを見通しているから身近なことにもぬかりがない。その明治の傑物も、最後は自らの足下、生まれ故郷に戻っています。

いまの自民党の若手は追い風に乗って当選した議員が少なくありません。安倍総理の人気頼りで、ドブ板選挙を軽視しています。理屈をこねる前に地元に戻って、一言でも多く話を聞くべきです。日ごろからできる限り顔を合わせ、言葉を交わす。それが人の感情を揺さぶり、

「よし、岸田のために俺もこの身を捧げよう」

と支持者を増やしていくのです。

強い絆でつながっている支持者は、一時の風で揺れ動いたりはしません。

自民党という大看板がなくとも当選できるようにする——このことを念頭に、地元での活動を続けてきました。

第六章　闘う宏池会

「お公家集団」の権力闘争

私たち宏池会は一九五七年、池田勇人さんが総理・総裁を目指すために自身の派閥を創設したのが始まりです。私が生まれた年のことです。

二〇一七年に結成六〇周年を迎え、池田さん、大平正芳さん、鈴木善幸さん、宮澤喜一さんと四人の総理・総裁を輩出。官僚出身の議員が伝統的に多く、「政策の宏池会」と評されています。

池田さんは自身の内閣で「所得倍増計画」を目玉政策として掲げました。前任の岸信介元総理は「憲法改正」を掲げ、日米安保改定に取り組みました。党是である「憲法改正」も重要ですが、後任の池田さんは「時代が何を望んでいるか」を重視し、「経済優先」を掲げました。

「国民総生産（GNP）を一〇年以内に二六兆円に倍増」

「生活水準を欧米並みに」

所得倍増計画によって日本は年平均一〇パーセントと驚異的な経済成長を遂げました。池田さんは高度経済成長に道筋をつけ、政治の時代から経済の時代へと巧みに時代を転換したのです。

宏池会という名の由来は、後漢時代の学者、馬融の詩「広成頌」の一節「宏池に臨む」から陽明学者の安岡正篤氏が命名したと言われ、綽綽たる余裕を示す、「ゆったりと落ち着き払ったさま」との意味があります。「宏池」は大きな池の意味で、創設者の池田さんの名前からも一文字をとっています。

私たち宏池会は結成されてから今日まで、その名の通り、リベラルで自由な社会を目指し、権力には謙虚に向かい合ってきました。もっとも大切にしていることは、「いま、国民が求めているものは何なのか」を問いつづける徹底した現実主義です。そのイズムに基づき、保守政治のど真ん中で数々の政策を考えてきました。

しかし、一方、高学歴で官僚出身の議員が多いために「政局に弱い」「お公家集団」と揶揄されることがあるのも事実です。

竹下登元総理や小渕恵三元総理が率いた経世会・平成研究会には、地方議員出身の叩き上げの政治家が多く、自派閥内でも権力闘争が行われ、「戦闘集団」というイメージが強くあります。

それに対し、おっとりとしたイメージで語られることが多い宏池会ですが、宏池会で起きた、ある権力闘争から二つのことを学びました。

「勝負は勝たなければならない」

しかし同時に、

「勝ち負けは二の次で勝敗は抜きにして打って出る」

二律背反する、この勝負への要諦を教えてくれたのが二〇〇〇年一一月二〇日のいわゆる「加藤の乱」です。

そして、「加藤の乱」に至る過程では、節目となる大きな出来事が派閥内において少なくとも二つ起こっていました。

一つ目は宏池会の代替わりです。一九九八年一二月二二日、宏池会の臨時総会が開催され、派閥会長が正式に宮澤さんから加藤紘一さんに引き継がれました。しかし、宏池会にはもう一人、次の時代を担うべく力を蓄えていた大物がいました。河野洋平さんです。

加藤さんは早くから「宏池会のプリンス」と目されていたのですが、河野洋平さんもまた「自民党のプリンス」と評されていました。年齢は加藤さんが二つ年下で、宮澤内閣では加藤さんが官房長官に就きましたが、河野さんも宮澤改造内閣で官房長官に就任しました。当時、それぞれの頭文字から「KK対決」などと言う人もいました。

加藤さんの派閥会長就任を受けて、河野さんを慕うメンバー、相沢英之さん、麻生太郎さん、松本純さんといった皆さんが、一五名のグループで河野派＝大勇会を結成し、宏池会を離脱してしまったのです。

人間関係というのは本当に難しいものだ、そして、両雄並び立たずとはこういうことをいうのだと、政治の世界の厳しさを目の当たりにしました。

「一本釣り」の波紋

そして、もう一つの出来事が、小渕恵三首相が現職として臨んだ一九九九年の自民党総裁選でした。

宏池会を引き継いだばかりの加藤さんは、「さわやかな政策討論会をしよう」と主張して、盟友の山崎拓さんとともに総裁選に出馬され、小渕首相に三倍以上の差をつけられての敗北を喫します。結果的に宏池会は、反主流派として厳しい立場に追い込まれ、人事においても冷や飯を食わされることになったのです。

ところが、そうした中で、小渕総理は、池田行彦さんを言わば一本釣りの形で党三役の総務会長に指名しました。

池田さんは旧姓を粟根といい、東大法学部から大蔵省に入省し、宏池会創立者の池田勇人さんの次女・紀子さんと結婚されました。

加藤さんに負けず劣らずリーダーの資質をお持ちの方で、一九七六年の衆院選で池田勇人さんの地盤の広島二区、私のお隣の選挙区から出馬して初当選。宏池会を引き継いだ宮澤さんの胸中にも、「いずれ池田家に」と「大政奉還」を意識する思いは当然あったと思います。池田さん自身も、宏池会はいずれ私がという気持ちがあったかどうかはわかりませんが、バトンは宮澤さんから加藤さんに渡されることになっていました。その池田さんが一本釣りされてしまったわけですから、派閥内に大きな動揺が走ったのです。

こうした二つの大きな事件を経て起こった「加藤の乱」は、派内の不穏な空気を背景として、起こったものでもありました。私はその一部始終を目撃することで、勝つためにはどんな策も駆使する、と言わんばかりの鎮圧側の執念や、一時は自民党から除名されることも覚悟した反乱側の矜持を目の当たりにしました。

若い力で政治を変えようと誓いあったあの一瞬の輝きはいまも心中に消えずに残ってもいますし、権力闘争の凄まじさを肌で体感しました。

「勝負は勝たなければ意味がない」――これがその大きな教訓です。

失言が招いた惨敗

二〇〇〇年四月二日、小渕恵三総理が脳梗塞で倒れた。

政局対応のため赤坂プリンスホテルに集まった青木幹雄官房長官、村上正邦参議院議員会長、森喜朗幹事長、野中広務幹事長代理、亀井静香政調会長の五名は、翌三日にも集まり、「政治的な空白を作れない」として、総裁選を経ずに森氏を後継に決する。このとき、村上氏が森氏に「あなたしかいないじゃないか」と言ったとされている。

四日、青木氏が小渕内閣の総辞職を発表し、翌五日、森喜朗内閣が誕生。

五人の協議で決まってしまったことで自民党内でも異論が噴出する。

とりわけ次期総理候補に名の挙がっていた加藤紘一氏にとって「小渕の後は加藤」という流れが断ち切られてしまい、大きな岐路に立った。

森首相は六月二日、衆議院を解散。自民党は二三三議席に激減、一方の民主党は一二七議席に躍進した。

発足時の不透明な経緯に加え閣僚の失言もあって内閣支持率は低迷、自民党は重大な危機を迎えることになった。これが「加藤の乱」を引き起こす伏線となる。


二〇〇〇年一一月二〇日、宏池会の事務所がある千代田区霞が関三丁目の大東ビルは異様な雰囲気に包まれていました。

ビルの周囲に何台ものテレビカメラが並び、政治部記者をはじめ外国の通信社の記者まで

が顔を揃えるなか、旧知の記者が、

「欠席ですか、不信任案に賛成ですか」

と声をかけてきます。野党が出した森内閣の不信任案に与党の議員がどこまで賛成するのかが、議会での勝負の分かれ目となるからです。欠席し、投票そのものを見送るのか。出席し、野党が提出した不信任案に賛成し、政権にノーを突きつけるのか。

「世論は私に味方している」

「世論の支持は圧倒的に私である」

そう語る加藤さんの動向が日増しに注目を浴びていきました。

他方で、テレビのニュースではサービス精神旺盛な森総理が発する言葉の一部が時として悪意を持って切り取られ、真意とは異なる形で放送されて批判を浴びるということが繰り返され、私は毎朝、もどかしい思いで新聞をめくっていました。

「永田町のプリンス」加藤紘一氏

二〇〇一年二月一〇日、ハワイ沖で日本の水産高校の練習船「えひめ丸」がアメリカ海軍の原子力潜水艦と衝突し、日本人が九名死亡する事故が発生。森さんはたまたまゴルフのプレー中で、ＳＰの携帯電話を通じ、報告を受け対応にあたったものの、批判を受け支持率も急落しました。そのようななかで「総理にもっとも近い男」と呼ばれた加藤さんが森政権にノーを突きつけると、永田町の枠を超えた大きなうねりとなったのです。

私個人としても、加藤さんには目をかけていただきました。加藤幹事長時代、アメリカのワシントンに本部を置く「CSIS（戦略国際問題研究所）」にカバン持ちとして塩崎恭久さんとともに同行した際は、ホテルで加藤さんのスピーチをぎりぎりまで推敲《すいこう》するなど、厳しく鍛えていただきました。

「私のもとにこんなにメールが来ているよ」

騒動の渦中で、加藤さんはそう話していました。

自身の背後に、世論が味方に付いている、と確信していたのです。

「私の携帯には菅さんの番号が入っています」

加藤さんは政党人として禁じ手とも言える、野党との連携を匂わす発言で森政権を揺さぶりました。

野党第一党の民主党の菅直人さん、鳩山由紀夫さんとの密接な関係をほのめかすどころか、露骨なアピールをしたのです。

加藤さんを特集した番組はいずれも高視聴率を記録し、加藤さんを取り上げた雑誌が売れるなど、国民的な人気は確かにありました。

しかし、いまだから言えるのかもしれませんが、当時はインターネットの黎明期で、一般に普及しているとは言い難い状況でした。ユーザーネームを変えて、文章をコピー&ペーストすれば一人で何通もの応援メールが書けることも当時はあまり知られていませんでした。

仮に国民の信任があったとしても不信任案は国会議員の多数決で決まります。国会議員の投票にまで影響を及ぼすほどの世論なのか。加藤さんは「世論」を精査せずに、ご自身に都合の良い「世論」だけを聞いているのではないか——当時、若手でＩＴに明るい議員がそのような懸念を示していましたが、勢いを増す最中に冷水を浴びせるようで、直接、会長に具申することができませんでした。

当時は派閥の力も強大で、宏池会は九三名の平成研究会に次ぐ七〇名の勢力を保持していました。派閥会長が「右だ」と言えば我々若手は黙って右に進み、「左へ」と言えば左に進まねばなりません。会長が黒いカラスを「白い」と言えば、追認するような雰囲気でした。

もっとも加藤さん自身はきわめて理知的で感覚も先鋭的な方で、理不尽な物言いをされません。二〇〇〇年の時代からネットの有益性を見抜き、一般的な国民人気も非常に高かったのです。

東京大学法学部出身で在学中に外交官試験に合格し、外務省に入省するほどの秀才。語学

次期総理候補と呼ばれた加藤紘一氏と、自民党幹事長室で

力は抜群で英語はもちろんのこと、中国で北京大学の学生を前に北京語で一時間の講演もされたほど。

盟友の山崎拓さんは柔道の有段者ですが、その山崎さんが加藤さんに運動経験を尋ねたところ、「馬鹿にするなよ」とその場で宙返りを披露するなどスポーツもできた、と聞いています。

政治家としても内閣官房副長官、防衛庁長官、自民党政調会長、自民党幹事長などを歴任し、最大派閥の平成研究会の実力者である野中広務さんから目をかけられ、宮澤さんから派閥を引き継ぎ、自他ともに認める「総理にもっとも近い男」でした。

流暢な英語を駆使してCNNのインタビューにも応じ、ワシントンでも知られた存在となっていました。

プリンスがキングとなるために着々と準備を進め、永田町の外からも知名度を上げ、加藤の乱によって自ら戦いの火蓋を切ったのです。

固めの盃

加藤さんは民意を味方につけようとテレビやラジオに生出演し、自説を展開しました。

「国民を交えた長いドラマが始まります」

加藤さんのネットでの人気はうなぎ上りとなりましたが、野中広務幹事長をはじめ、森政権の屋台骨である清和政策研究会の小泉純一郎会長らによるすさまじい加藤派切り崩しが始まります。小泉さんは山崎拓さんとともに「ＹＫＫ」として知られた加藤さんの盟友でしたが、政治の非情を感じざるを得ません。

政権側の激しく、そして老獪な切り崩しによって、宏池会のある大東ビル一〇階に集まる議員の数が日を追うごとに減っていきました。ことここに至って、勝負の趨勢《すうせい》は誰の目にも明らかになっていました。

それでも会長が「突き進む」と言った以上、我々若手も討ち死に覚悟で行動をともにするほかありません。

「日本酒がないから、これにしよう」

石原伸晃さんがシェイカーを振ってつくったドライマティーニがカクテル・グラスに注がれていきます。無色透明なマティーニを見つめながら、瞼の奥に浮かぶ父に問いかけたい思いでした。

「なあ、オヤジ、俺はこのまま突き進むべきなのかな」

正直なところ、この騒動が起こってからずっとこれでいいのかと自問自答しつづけていました。「自民党から除名になる。これでいいのか」と。応援してくれた多くの地元有権者の皆さんの顔も、次から次へと浮かんできます。

私は心中の迷いを悟られまいと、口は真一文字に結んだまま。石原さんが四人分のドライマティーニを注ぎ終えると、皆、勢いよく、グラスを掲げました。

「固めの盃といこうか」

石原さん、塩崎恭久さん、根本匠さんは迷いのない表情で気勢を上げています。

「ここまで来たら、もう加藤会長と共に行動するしかあるまい」

「討ち死に覚悟でいくか」

のちに四人とも大変な苦悩のなかにいたことがわかるのですが、そのときは俠気ある言葉が次々に飛び出していきました。

掲げたドライマティーニを一息に飲み干すと、ジンが喉から胃の腑へと落ちていくうちに父の言葉が脳裡に浮かんできました。父の秘書になると決めたとき、私に贈ってくれた言葉です。

「艱難辛苦《かんなんしんく》汝《なんじ》を玉にす」

泥水にまみれることで、苦悩、苦労を率先して買うことで一かどの人間になれる。いまがそのときかもしれません。腹の底から何やら力が湧いてくるように感じ、ようやく迷いを断つことができました。

「もう良いも悪いもない。会長がここまでの決意をされたなら、一緒に討ち死にしよう。除名でも、対抗馬でも何でもかかってこい」

私が珍しく大きな声を上げると、三人はニコリと微笑んで、次々とグラスを干していきます。

「もう一杯飲んでから行こうか」

石原さんはすでにジンとベルモットを手元に引き寄せていました。慣れた手付きでもう四杯分のシェイカーを振ると、

「みんなで一致団結して会長についていこう。誰か異論はあるか」

「よし行こう。生き残れたら、また乾杯だ」

勝どきをあげるかのような大声が石原事務所に響きました。


「あなたは大将なんですから」


後日、知ることとなりましたが、我々四人が気勢を上げていたとき、すでに勝敗は決していたも同然でした。

固い結束を誇った宏池会が、なぜあれほど簡単に分断されたのでしょうか。

宏池会の中での複雑な人間関係もありました。

加藤さんは宮澤さんから宏池会を引き継ぐと、独自色を出そうと次々に手を打っていました。

「手狭になったから引っ越そう」

と言い、宏池会の事務所を、アメリカ大使館の近くにあった日本自転車会館から大東ビルに移すことを決めたのです。宏池会を創生した池田勇人さんの時代からずっと日本自転車会館に置いていましたので、在籍が短い私でも引っ越しを聞いたときは一抹の寂しさを感じました。

さらに加藤さんは池田総理時代からの事務局長の木村貢さんも替えてしまいました。受け継がれてきた宏池会のカラーを性急な形で刷新するかのようで、当時宏池会内の主流派であった方は苦々しく感じていたようです。そのためか加藤の乱が動きはじめた直後、宮澤喜一さん、丹羽雄哉さん、古賀誠さんなど幹部クラスは説得する側にまわりました。話し合いは持たれたようですが、平行線のまま終わったようでした。

当時、国会対策委員長だった古賀さんは加藤さんの側近でしたが、野中さんの説得により、切り崩す側にまわりました。

野中幹事長はかつて加藤さんの「盟友」と呼ばれていました。

加藤さんの政治センスを高く評価していたのですが、野党の菅さんや鳩山さんとの連携の構えを見せたことで激怒。幹事長として森政権を支える立場でもあり、切り崩しの先頭に立つことになりました。都道府県連に総選挙の準備を指示する一方で、内閣不信任案に賛成した者、欠席をした者は除名あるいは公認を認めないことを公言しました。幹事長の持つ公認権を最大限活用したのです。

所属政党の自民党から公認を得られないとなると、選挙で生き残れるのか不安になります。私もこの発言を耳にしたときは、背筋から冷たい汗が流れ落ちました。宮澤さんが加藤さんとの決別を表明すると、情勢は一挙に鎮圧側が優位になります。

もはや加藤派の残りをかき集め、二十数名と少数派閥の山崎派を加えても野党の不信任案に賛成の票を入れて森内閣を倒閣することは微妙なラインというところまで追い詰められました。

この時点では鎮圧側が優勢でしたが、加藤さんが巻き返しを図り、一挙に世論を味方に付ければ、機を見るに敏な政治家は再度、加藤さん側に寝返る可能性も捨てきれません。「最後の大勝負」の場面が近づいていました。

一一月二〇日月曜日二一時からついに内閣不信任案の採決が行われることになり、その直前、加藤派・山崎派の合同総会がホテルオークラ本館コンチネンタルルームで開催されました。

山崎派は、甘利明さん、武部勤さんをはじめ中堅・若手も欠けることなくやってきたのに対して、集まった加藤派議員は三〇名程度。野中さん、古賀さん、小泉さんらに切り崩され、残り全員で賛成しても勝ち目がない状況に陥っていました。

肩を落とした加藤さんが口を開きます。

「私と山崎さんは、これから本会議場に行って不信任案に賛成投票をしてきます。同志の皆さんはここに残って下さい」

勝ち目がない勝負で未来のある若手の芽を摘むのは忍びない。大将、副将が首を差し出すことで、中堅・若手の助命嘆願に出よう、と判断されたようです。

加藤派で中堅のリーダー格である谷垣禎一さんが、加藤さんに駆け寄り、

「あなたは大将なんですから。大将一人で突撃なんて駄目ですよ」

そう言って抱きとめる谷垣さんを振りほどき、加藤さんは、

「ついてこんでいい。俺と拓さんだけでいく」

と言って山崎さんを伴い、騒然とする場内を後にしてそのままハイヤーに乗り込みました。

「会長と山崎さんの二人だけで行かせて良いのだろうか。会長に止められたが、自分たちも

合流すべきなのではないだろうか」

そう思案していると、ほどなく加藤さんは戻ってきました。

数日後、報道で知ることになりましたが、加藤さんと山崎さんを乗せたハイヤーが国会議事堂に到着し、正面に立つと、加藤さんは、

「やっぱり戻ろう……」

と言ったそうです。

「行こう！ このまま何もしなければ、政治生命が終わってしまうぞ」

と山崎さんが檄を飛ばし、まなじりを決し、ふたたび二人で国会議事堂に向かったものの、やはり加藤さんはオークラに戻ってきてしまった。

屈辱のピエロか、悲劇のヒーローか

「なぜ行かなかったのですか」

いまも時折、宏池会の若手からそう問われることがあります。

いま現在の皆さんは加藤の乱が起きたことも、その結果もご存じです。加藤さんの敗因を分析し、その意味を考察できる立場にあるでしょう。しかし、二〇年前の加藤さんにとっては二〇年前のあの時点が現在でした。あの状況であの選択、あの判断をしていなければ、あ

るいはその反対の決断をしていれば、結果は大きく異なっていたかもしれない。いくつかあった選択肢の中から、「やはり行かない」と決断したのはなぜだったのか。

真相はわかりませんが、おそらく加藤さんは自分を慕って付いてきた若手が酷い目に遭わないようにすることを第一に考えたのではないでしょうか。悲劇のヒーローになるよりも、屈辱のピエロを演じたことには理由があったはずです。加藤さんが一人で汚名を着ることが若手への配慮だったのかもしれません。

もし一人で本会議場に足を運び、不信任案に賛成票を入れてしまえば、加藤さんは自民党を除名されたでしょう。ですが、「筋を通した」として我々、若手政治家も「会長の後に続け」「会長を独りで除名にさせていいのか」と大きなうねりになり、国民からも一時的に英雄視されたかもしれません。そうなれば若手を引き連れ、本格的に自民党を割って、新党結成に動いたかもしれない。しかし、細川護熙さんの日本新党しかり、新進党しかり、小池百合子さんの希望の党しかり、新党は一時的には社会現象のようになりますが、ブームは長く続きません。自分に付いてきた若手が数年後、議員でいられるかどうかわからない、と考えたのかもしれません。

いま、野党の出した不信任案に賛成しても次の手は綿密に考えられているのか。自民党を下野させることが国民にとって幸福なのか。「加藤新党」と民主党ら野党の政権で一つにまとまることはできるのか。聡明でプライドの高い加藤さんがピエロを演じたのにはわけがあると思います。

加藤の乱を実際に知る者はいまの宏池会でも少数になりました。

いま、宏池会で私の右腕として助けてくれている木原誠二さんをはじめ若手のメンバーは、あの場にはいませんでした。いまの若手に「なぜ加藤さんは宏池会を掌握しきれなかったのか」と尋ねられることがあります。

加藤の乱の前まで加藤派は七〇名を誇り、九三名の小渕派に次ぐグループでした。いま隆盛を誇る清和政策研究会、森派は当時六二名で、自民党内での存在感では加藤派のほうが上でした。宮澤さんを筆頭に鈴木善幸さん、池田行彦さん、堀内光雄さん、丹羽雄哉さん、古賀誠さん、太田誠一さんなど一騎当千の大物が多く、大世帯でもあったためまとめるのが難しい、という面もあったでしょう。

私もいま政調会長として、派閥のトップとして、国会議員を束ねる難しさを痛感しています。

大臣であれば、部下は官僚であり、その人事権は大臣にあります。人事を握ったほうが圧倒的に優位に立つのは当然です。依怙贔屓《えこひいき》や情に流されるようなことはもちろんご法度ですが、官僚は大臣が正論で諭せば、理には理で応じてくれるものです。内心はさておき大臣の指示には従います。

しかし、国会議員となるとまた異なってきます。

国会議員はそれぞれが各地の選挙戦で勝ち上がってきた、一国一城の主です。私が若手の頃には正論どころかとにかく大声で怒鳴り倒し、嫌になった相手が言うことを聞く、という荒業を使う先輩方もおりました。

派閥の長としての私は、自分の主張を押し付けず、まずは相手の話をじっと辛抱強く聞く、「聞き役」に徹することにしています。

最近の若い政治家は褒めることによって力を発揮していくものです。そのためには相手の主張に耳を傾けることが肝要と考えています。もしかすると、加藤さんにはこの相手の意見に耳を傾ける、そのことが不足していたのかもしれません。

「反乱軍」残党の処遇

「加藤の乱」の後日談について触れようと思います。

驚いたことに我々への処分は何もありませんでした。乱の当日の二〇日、古賀さんから電話がかかってきました。

「大変だったな。悩んだろう。苦しんだだろう。ここまで来たらもうお前たちの思うようにやれ。お前たちの好きにしろ」

古賀さんはやさしい語り口ではありましたが、これは「見放された」と解釈すべきでしょう。古賀さんの後ろに幹事長の野中さんが控えているのは明らかです。選挙の公認権のある幹事長に歯向かったわけですから、除名や対立候補を立てられることも想像していました。

ですが、蓋を開けてみれば、お咎めなし。

鎮圧の際は冷徹にそして老獪に攻めつづけ、権力の行使とはこのようにするのか、と痛感させられたと同時に、今後はどう生きるのかを考えさせられました。

二〇〇〇年一二月五日、第二次森改造内閣が発足。古賀さんは正式に幹事長に就任し、宮澤さんが大蔵大臣、柳澤伯夫さんが金融再生委員会委員長に就任と当然のことながら乱を鎮圧した側が主要なポストを占めました。

そして、意外なことに私は空席となっていた党経理局長のポストに指名されたのです。

経理局長とは各企業・団体を回って党への献金をお願いする役割です。森内閣で古賀幹事長に仕え、その後の小泉内閣での安倍晋三幹事長、武部勤幹事長と三代の幹事長に経理局長として仕えることになりました。

宏池会の一員としてもっとも寂しかった会合について触れましょう。

二〇〇〇年一二月三〇日、堀内光雄元通産相と加藤さんとの会談が開かれました。この会談の結果によっては宏池会がさらに分裂するやもしれず、我々若手は固唾《かたず》を飲んで見守っていました。後日、堀内さんは私に打ち明けるように、加藤さんとの会談について話してくれました。

堀内さんは加藤さんに対し、野党の不信任案に同調したことに反省を促したそうです。しかし加藤さんは首を振り、

「それを認めたら、私の起こした行動も誤りとなる。それは私に付いてきた仲間の行動も否定することになる。申し訳ないが、反省はできない」

堀内さんはそんなことは百も承知です。

ただ官邸や党の幹部に加藤さんの助命嘆願をする際、加藤さんからの全面降伏を必要とするのです。形だけでも、言葉だけでも加藤さんから謝罪を得られれば被害は最小限に留められる、と踏んでいたのでしょう。

「このままでは加藤派がバラバラになる。大将のあんたが非を認めれば丸く収まるんだ」

堀内さんは何度も言葉を替えてそう説いたそうですが、加藤さんは歩み寄りをみせません。一時間近くの会談は堂々めぐりで、堀内さんは最後に加藤さんを見据え、こう伝えたと聞きました。

「なんとか反省してくれないか。それができないと、あんたとお別れになってしまうんだ」

加藤さんは何も答えず、堀内さんは短く挨拶をすると加藤さんから声をかけてくれるのを待ちながら一歩一歩ゆっくり出口へ向かったのですが、加藤さんはついに無言のままだったそうです。

小泉政権誕生と「加藤の乱」

二〇〇一年一月、加藤さんを外す形で、宏池会・堀内派が結成されました。宮澤喜一さん、古賀誠さん、池田行彦さん、丹羽雄哉さん、そして私も、堀内さん、宮澤さん、古賀さんから声をかけていただき、名を連ねることを決めました。

ドライマティーニを飲んだ四人はそれぞれの道を歩むこととなりました。

伝統ある宏池会は、宏池会・加藤派と宏池会・堀内派と「二つの宏池会」が存在する事態に陥ったのです。

宏池会・堀内派は一度離れた日本自転車会館に事務所を戻しました。

初日にビルの前に立って見上げると、「本来、あるべき場所に戻った」との感慨が湧いたものです。

もっとも、かつては五階に陣取っていたのですが、加藤さんが引っ越しを決めた後、別の会社が入っていたのでやむなく一階での再出発となりました。

その後、根本さんも宏池会・堀内派に加わり、かつてのような活気が戻るようになりました。

派閥会長はその名前の通り、堀内光雄さんとなりましたが、いずれ池田行彦さんが継ぐだろう、という雰囲気はありました。しかし、池田さんは加藤の乱の後から体調を崩し、二〇〇四年、直腸がんで鬼籍に入られてしまいます。六六歳でした。

宏池会の創始者である池田勇人さんの選挙区を継いだ池田行彦さんが存命であれば、宏池会がまた在りし日の形に戻ることもありえたかもしれません。無念でなりません。

加藤紘一氏失脚の半年後の二〇〇一年四月、小泉政権が誕生する。
「自民党をぶっ壊す」
「抵抗勢力」
短いフレーズで熱弁を振るう姿に国民は熱狂した。

小泉首相は閣僚人事でも民間から竹中平蔵氏や川口順子氏、遠山敦子氏を抜擢、独自色を鮮明にしたことで長期政権を築いた。

「ＹＫＫは友情と打算の二重奏」

加藤の乱を鎮圧した直後、小泉氏はそう述べている。

私は、二〇〇一年の第一次小泉内閣で文部科学副大臣に任命されました。大臣の遠山敦子さんは政治家ではありませんでしたから、野党との折衝など国会対策は私が担うこととなります。国会の国対部屋に顔を出し、野党の議員との調整役として日々、悪戦苦闘しました。

ドライマティーニの会

実は、その後、「加藤の乱」の真相を聞くチャンスが一度ありました。

派閥は分かれてしまったのですが、ドライマティーニを飲んだ四人の友情は変わることなく、その後四人で「ドライマティーニの会」を始めたのです。

毎年一一月二〇日前後になると石原さん、塩崎さん、根本さんと集まってドライマティーニを飲むこととし、加藤の乱以後、毎年開催され、一〇年目にはなんと加藤さん御本人をゲストとしてお招きしました。

加藤さんは二〇〇二年三月、ご自身の秘書が逮捕される事件の責任を取る形で宏池会・加藤派の会長を辞任し、自民党を離党。同年四月、衆議院議員を辞職。二〇〇三年の総選挙は無所属で出馬し、一一度目の当選を果たしました。

二〇〇五年九月、宏池会も退会されましたが、我々にとっては特別な存在です。

二〇一〇年の「ドライマティーニの会」にゲストとして出席された加藤さんは、グラスを傾けてクイッと飲み干しました。

加藤さんに、聞いてみたいことはいくつもありました。なかでも、もっとも伺いたいのはあの日のことです。

あの日、一一月二〇日、山崎さんとお二人でハイヤーに乗って国会議事堂に向かい、国会の前の坂でやりとりをし、ホテルに戻った。しかし、もし仮にそのまま不信任案に賛成していたら、どうなっていたでしょうかと。

しかし、加藤さんの顔を見てしまったら、もう何も聞けない、いや、聞くべきではない、と感じました。加藤さんの横顔には、これ以上の質問を続けさせない何かがありました。

加藤さんも何かを言いたそうでしたし、おそらく四人のうち誰かが尋ねていれば、何かを説明してくれたのではないかと思います。

結束を誇った宏池会が分裂したこと、小泉政権が誕生したこと、民主党が政権を握り、自民党が下野してしまったこと……加藤の乱については加藤さん自身が何度も振り返ったことでしょう。けれども、加藤さんもまた黙ったまま、グラスを傾けました。

そしてドライマティーニを二杯ずつ飲み、静かに散会しました。

政治家として勝負をかけたときは、絶対に負け戦をしてはダメだ――その思いが、いまも私の胸に刻まれています。

本書は2020年9月小社から刊行された単行本を新書版に改めたものです。新書化にあたり「はじめに」を改稿し、「あとがき」を削除しました。

岸田文雄

1957年生まれ。早稲田大学卒業後、日本長期信用銀行入社。議員秘書を経て、93年衆議院議員初当選。以来、連続9期選挙区当選。自民党青年局長、経理局長を経て、2001年小泉内閣で文部科学副大臣。衆院厚生労働委員会委員長を経て、07年第一次安倍改造内閣で内閣府特命大臣として初入閣。12年に宏池会会長に就任。同年、第二次安倍内閣で外務大臣に就任し、専任の大臣としては戦後最長の4年7ヵ月にわたって務める。17年、防衛大臣を兼任。17年8月から20年9月まで、自民党政務調査会長。21年10月、第100代内閣総理大臣に就任。

講談社＋α《プラスアルファ》新書 846-1 C

岸田《きしだ》ビジョン

分断から協調へ

岸田文雄《きしだふみお》

2021年10月15日第1刷発行

発行者—— 鈴木章一

発行所—— 株式会社 講談社

東京都文京区音羽2-12-21 〒112-8001

電話 編集(03)5395-3522

販売(03)5395-4415

業務(03)5395-3615

デザイン—— 鈴木成一デザイン室

カバー写真—— 森清

カバー印刷—— 共同印刷株式会社

印刷—— 豊国印刷株式会社

製本—— 株式会社国宝社

本文データ制作—— 講談社デジタル製作

KODANSHA

定価はカバーに表示してあります。

落丁本・乱丁本は購入書店名を明記のうえ、小社業務あてにお送りください。

送料は小社負担にてお取り替えします。

なお、この本の内容についてのお問い合わせは第一事業局企画部「＋α新書」あてにお願いいたします。

Printed in Japan

ISBN978-4-06-526565-9

講談社＋α新書

書名	著者	内容	価格	番号
超入門カーボンニュートラル	夫馬賢治	カーボンニュートラルから新たな資本主義が誕生する。第一人者による脱炭素社会の基礎知識	946円	827-2 C
内向型人間が無理せず幸せになる唯一の方法	スーザン・ケイン 古草秀子 訳	成功する人は外向型という常識を覆した全米ミリオンセラー。孤独を愛する人に女神は微笑む	990円	828-1 A
トヨタ チーフエンジニアの仕事	北川尚人	GAFAも手本にするトヨタの製品開発システム。その司令塔の仕事と資質を明らかにする	968円	829-1 C
ダークサイド投資術 元経済ヤクザが明かす「アフター・コロナ」を生き抜く黒いマネーの流儀	猫組長(菅原潮)	恐慌と戦争の暗黒時代にも揺るがない「王道の投資」を、元経済ヤクザが緊急指南！	968円	830-1 C
カルト化するマネーの新世界 元経済ヤクザが明かす「黒い経済」のニューノーマル	猫組長(菅原潮)	投資の常識が大崩壊した新型コロナ時代に、元経済ヤクザが放つ「本物の資産形成入門」	968円	830-2 C
シリコンバレーの金儲け	海部美知	「ソフトウェアが世界を食べる」時代の金儲けの法則を、中心地のシリコンバレーから学ぶ	968円	831-1 C
認知症の人が「さっきも言ったでしょ」と言われて怒る理由 5000人を診てわかったほんとうの話	木之下徹	認知症一〇〇〇万人時代。「認知症＝絶望」ではない。「よりよく」生きるための第一歩	968円	832-1 B
成功する人ほどよく寝ている 最強の睡眠に変える食習慣	前野博之	記憶力低下からうつやがんまで、睡眠負債のリスクを毎日の食事で改善する初のメソッド！	990円	833-1 B
健康本200冊を読み倒し、自身で人体実験してわかった 食事法の最適解	国府田淳	これが結論！ ビジネスでパフォーマンスを240％上げる食べ物・飲み物・その摂り方	990円	834-1 B
なぜネギ1本が1万円で売れるのか？	清水寅	ブランド創り、マーケティング、営業の肝、働き方、彼のネギにはビジネスのすべてがある！	968円	835-1 C
わが子に「なぜ海の水はしょっぱいの？」と聞かれたら？ 尊敬される大人の教養100	「大人」とは何か？研究所 編	地獄に堕ちたら釈放まで何年かかる？ 会議、接待、スピーチ、家庭をアゲる「へえ？」なネタ！	858円	837-1 C

表示価格はすべて税込価格（税10％）です。価格は変更することがあります